ÉTUDE

SUR LA

Mandchourie

PAR

Le Lieutenant PRUNEAU

DE L'INFANTERIE COLONIALE

(Extrait de la *Revue des Troupes coloniales*.)

AVEC 3 GRAVURES DANS LE TEXTE

PARIS

Henri CHARLES-LAVAUZELLE

Éditeur militaire

10, Rue Danton, Boulevard Saint-Germain, 118

—

(MÊME MAISON A LIMOGES)

ÉTUDE

SUR

LA MANDCHOURIE

ÉTUDE

SUR

LA MANDCHOURIE

PAR

Le Lieutenant PRUNEAU

DE L'INFANTERIE COLONIALE

(Extrait de la *Revue des Troupes coloniales*.)

PARIS

Henri CHARLES-LAVAUZELLE

Éditeur militaire

10, Rue Danton, Boulevard Saint-Germain, 118

(MÊME MAISON A LIMOGES)

INTRODUCTION

La récente expédition de Chine a détourné vers l'Extrême-Orient les yeux du monde entier. Toutes les nations commerçantes ont voulu avoir leur part des richesses nouvelles que la dernière pression armée des « Barbares étrangers », a fait sortir du sol du vieux « Cathay », et la Russie s'est attribuée la part du lion en ajoutant la Mandchourie aux immenses territoires de son empire asiatique. Dans le protocole final signé à Pékin, les puissances s'engageaient à maintenir l'intégrité territoriale du Céleste Empire; la Russie violait donc son serment en continuant d'occuper la Mandchourie; c'est du moins ce que l'Angleterre et le Japon firent croire au monde au commencement de cette année.

Le tsar, qui ne voulait pas la guerre, s'engagea à évacuer peu à peu la province chinoise si les événements lui permettaient de retirer ses troupes sans aucune crainte pour la tranquillité du pays

La première partie de cet engagement vient d'être mise à exécution par la rétrocession, aux Chinois, de la ligne ferrée de Shan-Haï-Quan à Nioutchouang et le retrait des troupes russes de tout le sud-ouest de la Mandchourie. Cette question de Mandchourie est donc actuellement à l'ordre du jour et il semble intéressant de connaître ce pays et de suivre les Russes dans les phases successives de leur marche en avant depuis l'origine de leur occupation de cette province chinoise.

ÉTUDE

SUR

LA MANDCHOURIE

I

APERÇU GÉOGRAPHIQUE DE LA MANDCHOURIE

Tous les renseignements d'ordre physique et économique contenus dans cette étude ont été puisés dans la publication officielle du Bulletin du ministère russe des voies de communication.

Situation géographique. Divisions générales. — La Mandchourie occupe la partie nord-est de l'empire chinois; elle est située entre 38° et 53° lat. N., et entre 118° et 135° long. E. Au N.-O., au N. et à l'E., elle touche à l'empire russe; à l'O., au S.-O. et au S., à la Mongolie et à la Chine proprement dite; au S. et à l'E. à la mer Jaune et à la Corée.

Ce pays tire son nom de la tribu des Mandchous qui y dominait; les Chinois le nomment « Loun-San-Tcheng » ou « trois provinces orientales » : Ké-Loun-Tsian-Tcheng ou province de l'Amour; Tsian-Loun-Tcheng ou province de Kirin; Tsien-Tsin-Tcheng ou province de Moukden.

Sa superficie est d'environ 600:000 verstes carrées,

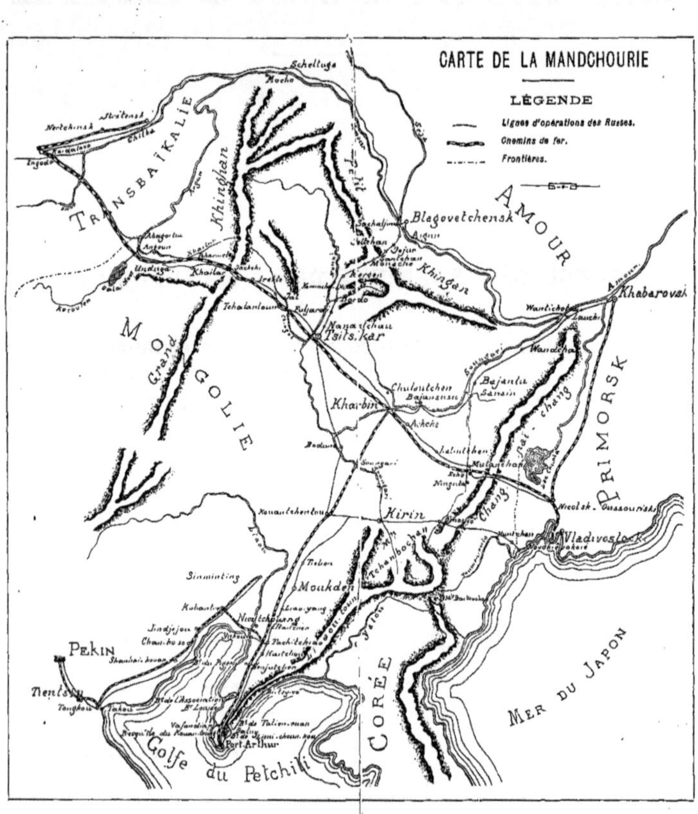

CARTE DE LA MANDCHOURIE
LÉGENDE
Lignes d'opérations des Russes.
Chemins de fer.
Frontières.
TRANSBAÏKALIE
Nertchinsk
Stretensk
Chilka
Ingoda
Ingoda
Abagortu
Antoun
Kharlou
Kharmela
Undiega
Khailar
Kerouleu
Khinghan
Scheltuga
Mocho
Tchalantour
Grand
MOD GOLIE
Sachaljin
Aïgun
Blagovetchensk
AMOUR
Jojur
Santehan
Monache
Khingan
Kergen
Kominche
Dordo
Fuljara
Nanatchau
Tsits.kar
Chuloutchen
Bajangnan
Kharbin
Akche
Boduu
Sungari
Amasar
Wantichche
Khabarovsk
Zauchi
Wandaha
Bajanlu
Sanain
nai-chang
PRIMORSK
Lalutchen
Mulanhan
Echo
Ningouta
Chang
Hirin
Nicolsk-Goussourski
Montchan
Vladivostok
Mer du Japon
MER DU JAPON
Sinminting
Telin
Tchandouhau
Moukden
Kuban
Liao-yang
Jindjejou
Chau-ku-so
Newtchouang
Tachichao
Hartchin
PEKIN
Nentsen
Tongkou
Takou
Shanhaï-kouan
Golfe du Petchili
Port Arthur
B de Talien-ouan
CORÉE

c'est-à-dire à peu près égale à celle de la Transbaïkalie et double de celle du Japon.

La Mandchourie septentrionale est surtout une contrée montagneuse; les chaînes principales (ayant à
peu près la direction du méridien), sont celles du grand
et du petit Khin-Ghan à l'O., et à l'E., celle des
Tchan-Bo-Chan, séparées par le bassin du Soungari.
La plus haute élévation du système montagneux du
Tchan-Bo-Chan est atteinte au massif de Baï-Tan-
Chan qui a 8.000 pieds d'altitude et sert de gigantesque poteau frontière entre la Mandchourie et la Corée. Là, prennent leur source, les trois grandes artères
du pays : le Soungari, le Yalou, et le Toumyn-Oula.
Les populations de la Mandchourie et de la Corée
ont une grande vénération pour cette contrée consa-
crée aux ancêtres de la dynastie mandchoue, actuellement régnante à Pékin.

La Mandchourie méridionale présente en plus petit
les caractères de la Mandchourie septentrionale : deux
chaînes montagneuses, peu élevées, séparées par le
Liaou.

La pointe sud de la Mandchourie méridionale qui
s'avance dans la mer Jaune se nomme presqu'île du
Liao-Toung; elle est également couverte de massifs
montagneux dénudés, peu élevés, qui lui donnent un
aspect quelque peu sauvage; son extrémité méridionale, au sol rocailleux, mais aux vallées argileuses,
porte le nom de presqu'île de Kouang-Toung.

Sous-sol. — Les richesses minérales de la Mandchourie n'ont encore pû être étudiées d'une manière précise et complète, mais les données actuelles permettent
de les supposer très abondantes.

Des gisements de houille ont été rencontrés dans la
péninsule du Liaou-Toung et sur tout le littoral de la
mer Jaune. Le fer, le plomb, l'argent et l'or se ren-

contrent dans les monts Khin-Ghan, ainsi que dans les ramifications des Tchan-Bo-Chan. Les dernières recherches faites dans le Kouang-Toung ont prouvé que son sous-sol renferme de l'or en grande quantité.

Hydrographie. Côtes. — Le régime des eaux, dans la Mandchourie septentrionale, est semblable à celui de la région sibérienne voisine : les neiges, au moment de leur fonte (au printemps), les pluies abondantes en été, forment de nombreux cours d'eau et rendent marécageuses de grandes étendues de pays.

Toutes les rivières appartiennent au système fluvial de l'Amour, et ce fleuve est la grande artère vitale de la région complétée par le cours du Soungari, son affluent.

La Mandchourie méridionale est soumise à l'influence de la mer Jaune qui la baigne sur une grande étendue; les cours d'eau y sont nombreux, mais le manque de région forestière a empêché, dans la presqu'île de Liaou-Toung, que les systèmes fluviaux fussent tant soit peu considérables.

Les deux grandes artères fluviales sont le Liaou et le Yalon qui sert de frontière à la Corée.

Dans le Kouang-Toung, les ruisseaux ont tous le caractère torrentueux et sont à sec pendant une partie de l'année; aussi le manque d'eaus e fait-il sentir dans cette région; il y a très peu de puits et leur eau est de mauvaise qualité; on ne peut la boire que filtrée ou bouillie.

La Mandchourie septentrionale possède quelques bassins lacustres dont les plus considérables sont le Dalaï-Noor, ou Kailoun et le Bouïr-Noor, mesurant, le premier 1.000 verstes carrées, le second 4.000.

Les côtes baignées par la mer Jaune n'ont pas une étendue considérable; ce n'est que dans la presqu'île méridionale que nous voyons des baies profondes, comme celle de Lioui-Choun-Kon (Port-Arthur) et de Ta-lian-Van.

La baie de Lioui-Choun-Kon, a deux verstes et demie de longueur; elle communique avec la haute mer par un long et étroit canal d'une verste environ de longueur sur quatre à cinq cents mètres de largeur; au débouché de ce canal, une rade s'ouvre large et commode aux manœuvres d'une escadre considérable; cette rade admirablement bien protégée des vents du Nord et de l'Ouest par les hauteurs du littoral, mais très dangereuse quand soufflent les vents de l'Est et du Sud, ne gêle jamais.

La baie de Talian-Van, située à 50 kilomètres au nord-est de celle de Lioui-Choun-Kon, est encore mieux protégée des vents et des flots; elle a l'avantage en outre, sur la baie méridionale, de mesurer 12 verstes de longueur sur 10 de largeur et serait très propice à l'établissement d'un port commercial.

Les autres baies connues sont celles de l'Association, très vaste et protégée par un groupe d'îles; la baie du Pigeon et la baie Louise, à l'abri des vents d'Est et du Sud.

Climatologie. — Le climat de la Mandchourie du nord est particulièrement rigoureux et le thermomètre descend jusqu'à 45° au dessous de zéro dans le bassin inférieur du Soungari.

La navigation n'est possible sur cette rivière que du 15 avril à la fin octobre; la durée de l'hiver est de 5 à 6 mois; le printemps et l'automne sont très courts, les fortes chaleurs de l'été succèdent presque sans transition aux grands froids.

Les vents du Sud et du Sud-Est amènent sur la Mandchourie une grande quantité de pluies de juin à septembre.

En hiver, les vents secs du N. et du N.-E. empêchent

la neige d'être abondante dans la Mandchourie septentrionale, sauf sur les sommets du grand Khin-Ghan.

Le climat de la Mandchourie méridionale et surtout de la presqu'île du Liao-Toung dont les côtes sudest sont soumises à l'action des courants chauds venant de Corée, est infiniment plus doux.

Le port le plus septentrional qui soit exempt de glaces toute l'année, est celui de Bi-Tsy-Vo. La température moyenne en hiver à Port-Arthur est de 7° à 8° au dessous de zéro; vers le milieu de mars, la température s'élève brusquement; au court printemps succède un été très chaud, avec les pluies torrentielles, les orages et les torrents dévastateurs.

Faune et Flore. Population. — La flore et le faune de la Mandchourie septentrionale sont, par leurs traits caractéristiques, celles de l'Amour et de l'Oussouri. La végétation du sud de la Mandchourie et les animaux qui l'habitent sont un mélange des espèces et des races de l'Amour et de la Chine avec celles de la Corée et du Japon. Côte à côte avec les représentants de l'Extrême-Nord, comme la zibeline, on rencontre en Mandchourie le plus grand rapace de l'Asie méridionale : le tigre du Bengale.

La population de la Mandchourie peut être évaluée à 15.000.000 d'habitants; la région la plus peuplée est le bassin du Liaou. Cette population est composée de Chinois, de Mandchous, de Coréens, de Solous, de Bouriates et de Daouriens.

L'affluence des Chinois a considérablement augmenté depuis le milieu du XIX⁰ siècle; cette population est surtout composée d'agriculteurs, de criminels fugitifs et d'aventuriers attirés par les gisements aurifères; ces deux dernières catégories se sont transformées pour la plupart de leurs individus en « kounkouses » ou brigands pillards qui désolent la contrée.

Les Chinois sont surtout nombreux dans la province de Moukden. Grâce à l'énergie et à l'activité de leur population agricole, le centre de la Mandchourie diffère très peu, comme culture et productions, des provinces voisines de la Chine.

Les Mandchous forment une population d'environ un millier d'individus, habitant surtout les grandes villes où ils occupent une position privilégiée : tels sont les officiers de l'armée mandchourienne, les hauts fonctionnaires du gouvernement provincial.

La religion prédominante est le boudhisme avec ses différents rites.

Productions. Industries. — Le gouvernement chinois a apporté dans les dernières années du XIX⁰ siècle une attention toute particulière au développement de l'agriculture dans la Mandchourie méridionale qui produit en abondance le froment, l'avoine, l'orge, le millet, le sarrazin, le maïs et le riz sur les côtes du Liaou-Toung.

Le millet chinois ou « kao-lian », sert à la fabrication d'une eau-de-vie dont les Chinois sont friands.

Le pavot à opium, le da-doou dont on tire l'huile, le tabac, fumé par les deux sexes, et le coton, se rencontrent dans toute la partie méridionale de la province de Moukden.

La culture maraîchère est pratiquée partout comme en Chine; chaque « fanzen » ou maison chinoise a son jardin bien arrosé, très soigné, renfermant toutes les espèces de légumes cultivées en Europe.

L'élève des vers à soie est une industrie assez répandue dans le Liaou-Toung; la nourriture des vers est fournie par les feuilles des chênes de Mongolie (quercus mongolica siensis, quercus mongolica dentala). Les centres principaux de l'industrie séricole sont : Siou-Ian-Tchou, Tsin-Jé-Fou et Fou-Tcheou.

Les arbres fruitiers tels que poiriers, pommiers, pê-
chers, pruniers, se rencontrent dans toute la Mandchourie; au Sud, on trouve quelques vignes et des fi-
guiers.

Il faut encore citer la récolte de la racine de « gen-
cheng » ou ginseng qui croît dans les défilés des montagnes, qui est beaucoup employée en pharmacie et
possède la vertu, disent les Chinois, de rajeunir et de
rendre les forces perdues.

L'élevage du bétail se pratique en grand dans presque toute la Mandchourie; les bêtes à cornes sont presque toutes employées aux travaux des champs et au
transport des fardeaux; les Chinois mangeant peu de
viande, il est assez rare qu'on abatte du bétail sur
place. Les chevaux du nord de la Mandchourie ont
une réputation méritée; les chameaux sont employés
comme bêtes de somme dans le centre et le nord.

La région voisine de l'Amour fournit chaque année
à la consommation des Russes une énorme quantité de
viande de boucherie. Des troupeaux entiers sont envoyés par sampans de Kailao sur Blagovetschénk, et
de là, expédiés dans toute la vallée du fleuve.

La pêche est très répandue le long des cours d'eau
et surtout au bord de la mer où le poisson est l'aliment
favori des populations côtières. Dans la baie de Ta-
lian-Van et dans celle de Bi-Tsi-Vo, on pêche d'excel-
lentes huîtres.

L'industrie mandchourienne est presqu'exclusive-
ment rurale; elle n'a pour but que de satisfaire les besoins d'une population dont le développement intel-
lectuel est peu élevé; les principales formes de cette
industrie consistent en préparation d'huile et d'eau-de-
vie et en fabrication de tissus de coton et de soie.

Commerce. — Le commerce de la Mandchourie est
surtout concentré dans la province de Moukden et par-

Fiacre mandchourien.

ticulièrement dans ses ports méridionaux; les marchandises américaines et européennes que l'on rencontre sur les marchés, sont importées par Yukoo, Port-Arthur, Bi-Tsi-Vo et Tagouchan.

Un commerce très actif se fait également dans les régions frontières du gouvernement général de l'Amour, mais consistant surtout en expéditions de bétail.

Administration. — La direction administrative de la Mandchourie a une forme très compliquée.

Les trois provinces sont soumises chacune à un « tsian-tsioun » spécial, ou gouverneur général siégeant respectivement à Tsitsikar, Kirin et Moukden.

La presqu'île du Koang-Toung, dont la concession fut faite à l'empire russe le 15 mars 1898, comme nous le verrons plus loin, a son organisation particulière.

La forme compliquée du gouvernement de la Mandchourie est due aux particularités de sa population constituée d'éléments si divers. Les anciens Mandchous, avec les restes de leur organisation militaire d'autrefois, les Chinois émigrés ayant apporté avec eux les formes administratives des provinces centrales du Céleste Empire, les Mongols nomades, les Toungous chasseurs de bêtes fauves et autres peuplades vagabondes avec leur genre de vie primitive, ont eu leur influence sur l'organisation administrative du pays.

D'après le témoignage de voyageurs qui ont longuement visité la Mandchourie, il n'y a aucun intérêt commun entre la population et l'administration; souvent même leurs rapports sont empreints de haine; l'espionnnage, les incriminations sont partout répandus; la perception des impôts se fait d'une manière tout à fait arbitraire; le pouvoir judiciaire n'a rien de nettement déterminé; l'inaction des agents de la police est générale; les vols et les brigandages des « Kounkhouses » restent impunis; les agents et ouvriers russes, employés à la construction du chemin de fer, sont continuellement exposés aux méfaits des rôdeurs; la concussion règne à tous les degrés de la hiérarchie administrative.

La Mandchourie.

Guerre sino-japonaise (novembre 94 à avril 95). — Le 3 août 1894 la guerre était officiellement déclarée entre la Chine et le Japon, à la suite de différents, survenus au sujet de la Corée. Le 15 septembre, les Japonais écrasaient les troupes chinoises à Phyön-Yang, le 17, ils détruisaient la flotte du Céleste Empire à Haï-Yang et s'ouvraient ainsi deux routes d'invasion en Mandchourie, par terre et par mer.

Poursuivant ses succès sur les troupes chinoises, le 1er corps d'armée japonais franchit le Yalou, qui forme la frontière entre la Mandchourie et la Corée s'empare successivement de Feng-Huang-Cheng, de Hsiou-Yen-Chou, de Haï-Cheng-Hsien, et, après une résistance désespérée des Chinois, entre à Nioutchouang le 4 mars 1895.

Le 2e corps d'armée japonais débarque dans les premiers jours de novembre 1894 à Pi-Tsou-Wo et Houa-Yüan-Kon, sur la côte orientale du Liaou-Toung, s'empare de Tchi-Chou-Ting, le 6, tandis que la flotte japonaise occupait la baie de Talian-Van.

Le 21 novembre, Port-Arthur, où les Chinois se sont réfugiés, est pris d'assaut par les troupes du Mikado qui occupent Kaïping-Hsien, le 10 janvier 1895, et le port de Nioutchouang, le 5 mars.

Les deux corps d'armée japonais ainsi réunis se portent contre l'armée chinoise rassemblée à Tien-Chuang-Tai, sur la rive droite du Liaou.

Ce fut la dernière tentative de résistance des Chi-

nois en Mandchourie; complètement dispersés, ils s'en-
fuirent vers l'Ouest, tandis que les troupes japonaises
revenaient sur la rive gauche du Liaou et occupaient
toute la presqu'île du Liaou-Toung.

Traité de Shimonosaki (17 avril 1895). — Le 17
avril 1895, un traité de paix entre la Chine et le Japon
était signé à Shimonosaki : L'article II de ce traité
contenait les stipulations suivantes :

« La Chine cède au Japon, en toute souveraineté
et à perpétuité, les territoires suivants, y compris les
fortifications, arsenaux et propriétés publiques qui s'y
trouvent actuellement :

« La partie méridionale de la province de Feng-Tien;
la ligne de démarcation part de l'embouchure du
Yalou, remonte ce fleuve jusqu'au confluent de l'An-
ping, gagne de là Feng-Huang, d'où elle se dirige
sur Haï-Cheng et Yukoo (port de Nioutchouang). Les
places ci-dessus mentionnées sont comprises dans le
territoire cédé. La ligne de démarcation, depuis Yukoo jusqu'à l'embouchure du Liaou suivra le milieu
du fleuve. Cette cession s'étend également sur toutes
les îles appartenant à la province de Feng-Tien, ou
y ressortissant, et situées dans la partie orientale de la
baie du Liaou-Toung et la partie septentrionale de la
mer Jaune. »

*Intervention de la Russie, de l'Allemagne et de la
France.* — Ce traité fut ratifié à Chéfou, le 8 mai 1895.
Mais avant cette ratification, trois puissances occiden-
tales s'étaient alliées pour faire respecter l'intégrité du
territoire chinois : la Russie, l'Allemagne et la France se coalisèrent pour arracher à l'Empire du « Soleil
levant », les fruits de sa victoire retentissante. Le 10
mai 1895, deux jours après que les plénipotentiaires
des deux empires cosignataires avaient ratifié le traité
de Shimonosaki, le Mikado lança une proclamation à

son peuple dans laquelle il annonçait que son vif dé-
sir était le maintien de la paix en Extrême-Orient, et
que les recommandations « amicales » des trois gouvernements des empires de Russie et d'Allemagne et
de la République française l'avaient convaincu de la
nécessité de rétrocéder à la Chine la presqu'île du
Liaou-Toung pour assurer à tous les peuples une tranquillité éternelle.

*Convention sino-japonaise pour l'évacuation du
Liaou-Toung.* — Comme suite à cette proclamation,
une convention fut signée à Pékin, le 8 novembre
1895, entre la Chine et le Japon. L'article I faisait rétrocession à la Chine de la presqu'île du Liaou-Toung;
l'article II, stipulant qu'en compensation la Chine
paierait au Japon une indemnité de 30.000.000 de
taëls, dans les trois mois suivant la signature de la
convention. L'armée japonaise devait évacuer la Mandchourie dans le même laps de temps.

L'indemnité fut payée par la Chine dans les délais
fixés et les troupes japonaises avaient complètement
évacué le territoire chinois au commencement de 1896.

Convention Cassini (septembre 1896). — Dans les
premiers jours de septembre 1896, une vive surprise
se produisit en Chine quand la presse anglaise de
Shanghaï annonça la signature d'une convention, connue sous le nom de « Convention Cassini », entre la
Chine et la Russie. Les journaux anglais ne publiaient
aucun point précis des articles de cet agrément, mais
apprenaient seulement qu'il s'agissait de constructions
de chemins de fer en Mandchourie et de cessions à
bail à la Russie, de certains ports de la Chine et de la
Mandchourie.

Bien que cette convention ait été démentie officiellement, il n'en est pas moins vrai que quelques jours
plus tard, des signatures étaient échangées entre le

gouvernement impérial chinois et la banque russo-chinoise pour l'organisation d'une compagnie destinée à construire et à exploiter, à travers la Mandchourie, une ligne de chemin de fer reliant la ligne de Transbaïkalie à la partie sud de la ligne d'Oussouri.

Les chemins de fer russes en Mandchourie.

Convention Cassini. — Le traité connu sous le nom de « convention Cassini » fut signé à Pékin le 27 août 1896, entre le comte Cassini, ministre de Russie, et le Tsoung-Li-Yamen. Son existence a même quelquefois été mise en doute.

La vérité, comme le font judicieusement remarquer Messieurs René Pinon et Jean de Marcillac dans « la Chine qui s'ouvre », c'est que ce traité était officiellement secret et qu'aucune des puissances n'en eut communication puisque, au mois de novembre 1897, nous voyons les Allemands mettre la main sur la magnifique rade de Kiao-Tchéou qui était donnée à bail pour 15 ans à la Russie par la « convention Cassini ».

Aussitôt après la signature de cette convention, une banque russo-chinoise était créée au capital de 25.000.000 de francs, dont la moitié fournie par la France; en même temps était organisée une compagnie d'actionnaires du chemin de fer de l'Est-Chinois pour la construction et l'exploitation d'un chemin de fer dans les limites du territoire mandchourien.

Le gouvernement russe désirait voir, en effet, la capitale des tsars reliée à Vladivostock par un ruban d'acier ininterrompu, afin d'éviter les transbordements de l'Amour et les inconvénients des transports par traîneaux pendant l'hiver. Mais les difficultés d'ordre technique, les conditions défavorables auxquelles on se serait heurté en construisant une ligne de chemin de fer le long de la rive septentrionale de l'Amour, firent mettre en question la construction d'une ligne plus directe joignant la Transbaïkalie à Vladivostock.

Cette ligne devant fatalement passer à travers la Mandchourie, il fallut entamer des pourparlers à ce sujet avec le gouvernement chinois.

Aux termes de la convention conclue entre les deux empires, la ligne se détacherait à Tchita de la ligne de Transbaïkalie et rejoindrait la ligne de l'Oussouri en un point de sa partie méridionale. Le choix d'une pareille direction paraissait d'autant plus désirable que la ligne traverserait des régions bien plus peuplées que le pays de l'Amour et bien supérieures par leur sol et les conditions de leur climat.

La banque russo-chinoise fut chargée du service des fonds nécessaires à l'entreprise de la Compagnie de l'Est chinois. En vertu des règlements de cette Compagnie, sanctionnés par le tsar, le 4 décembre 1896, les travaux de construction devaient être commencés au plus tard le 16 août 1897; l'écartement des voies était celui des chemins de fer russes, c'est-à-dire plus grand de 10 centimètres que celui des autres réseaux européens.

Trente-six ans après l'achèvement de toute la ligne et son ouverture à la circulation, le gouvernement chinois a le droit de l'acquérir en remboursant à la Compagnie tous les capitaux dépensés et en acquittant toutes les dettes, y compris les intérêts accumulés, contractés pour les besoins du chemin de fer.

Après quatre-vingts ans d'exploitation par la Compagnie, le gouvernement chinois entre gratuitement en possession de la ligne.

La direction des affaires est confiée à une administration composée d'un président et de neuf membres. Le président, chargé de toutes les relations de la Compagnie avec le gouvernement chinois, est nommé par ce gouvernement, tandis que les membres sont élus par l'assemblée générale des actionnaires.

Le bureau d'administration est à Saint-Pétersbourg, avec une annexe à Pékin.

En janvier 1897, par décret impérial de l'empereur de Chine, Sioui-Tsin-Tcheng, ancien ambassadeur de Chine à Saint-Pétersbourg et à Berlin, fut nommé président de l'administration de la Compagnie.

Etude du tracé transmandchourien. Commencement des travaux. — En avril 1897, une mission d'ingénieurs et d'agents techniques partit en Extrême-Orient pour faire les premières études du tracé de la ligne.

Le 10 août de la même année, en présence du Tsian-Tsioun de Kirin, du gouverneur militaire de la région de l'Amour et des représentants des gouvernements russes et chinois, furent donnés les premiers coups de pioche des travaux de terrassement de la ligne à la station de Poltava, sur la frontière de l'Oussouri et de la province de Kirin; les travaux furent en même temps commencés sur la frontière nord-ouest de la Mandchourie.

Cession à bail de Port-Arthur. — Mais il ne suffisait pas à la Russie d'obtenir la concession d'une ligne traversant la Mandchourie; le terminus du chemin de fer transsibérien n'a jamais été Vladivostock dans l'esprit des Russes. Vladivostock est bloqué par les glaces pendant au moins trois mois de l'année. Ce qu'il fallait à la Russie, c'était un port libre de glaces toute l'année. Le gouvernement du tsar profita fort habilement du coup de main de l'Allemagne sur Kiaou-Tchéou pour se faire céder Port-Arthur.

Il était important pour les Russes d'avoir Port-Arthur, dont la baie, à l'extrémité méridionale du Liaou-Toung, pouvait devenir une position stratégique de premier ordre pour surveiller le Pet-Chili, et, par conséquent, la route de Pékin, et empêchait toute autre puis-

Station de Kogat.

Eglise russe de Kharbin.

sance de s'installer dans la presqu'île du Kouang-Toung, Port-Arthur sera la base solide de la puissance russe en Chine.

Un traité conclu entre la Chine et la Russie, à Pékin, le 27 mars 1898, contient neuf articles cédant à bail Port-Arthur et la baie de Talienvan à la Russie. Pour protéger ces stations navales, il est nécessaire de leur adjoindre, du côté de la terre, une partie du Kouang-Toung, dont les limites seront déterminées en commun.

Tout le territoire affermé, avec les îles qui en dépendent, forme une région dont le gouvernement est donné à un commandant supérieur des forces de terre et de mer, qui dépend directement du ministre de la guerre, et réside à Port-Arthur.

Les deux gouvernements conviennent que Port-Arthur est une station navale seulement pour les bateaux de guerre de la Chine et de la Russie; le port est fermé à tout bateau de commerce ou de guerre d'une autre nation.

En ce qui concerne Talien-Van, seuls les bateaux de guerre russes et chinois peuvent entrer dans cette baie; mais les navires marchands de toute nationalité y ont accès.

Port-Arthur et Talien-Van étant les points les plus importants cédés à la Russie, cette puissance peut y élever toutes les fortifications qui lui paraîtront nécessaire à leur protection.

La Chine autorise, en outre, la Russie, comme complément au traité de 1896, à construire une ligne de chemin de fer partant d'un des points de la ligne de l'Est chinois et aboutissant sur la côte entre Nioutchouang et le Yalou.

Occupation de Port-Arthur. Travaux de la ligne Kar-

bin - Port-Arthur. — Le 28 mars 1898, les Russes occupaient Port-Arthur.

Un mois après, au moment du dégel du fleuve Liaou, des ingénieurs russes arrivaient à Nioutchouang et choisissaient, à environ trois milles en amont, l'emplacement de la station-terminus d'une ligne se reliant, à la station de Tachitchiao, à la grande ligne de Port-Arthur, qui devait aller par Moukden et Kirin, rejoindre le chemin de fer de l'Est chinois.

Les Russes avaient choisi Nioutchouang comme point de départ, afin de pouvoir plus facilement diriger dans la presqu'île de Liaou-Toung le matériel de construction de la ligne et les pièces des nombreux ponts à établir sur son parcours. Une foule d'ouvriers chinois du Petchili et du Chantoung accoururent pour s'embaucher dans les ateliers de construction et les chantiers de travaux. Des traverses étaient, par mer, apportées de la Russie et du Japon et transportées le long de la ligne sur des vagonnets traînés par des bœufs ou des chevaux.

Les locomotives américaines, système Baldwin, commencèrent à arriver à Nioutchouang, où elles étaient remontées sur place par des mécaniciens chinois, venus de Hong-Kong, Shanghaï et Canton.

Le 6 mai 1899, la première locomotive parcourait la distance de Nioutchouang à Tachitchiao; dès lors, les travaux de construction purent être menés bien plus rapidement, et, le 23 octobre 1899, Nioutchouang était relié par le rail à Talien-Van, puis, quelque temps après à Port-Arthur. Au mois d'avril 1900, la ligne atteignait au nord Tieling, laissant à l'est Moukden, pour éviter le voisinage des tombeaux impériaux de la dynastie mandchoue.

Les Russes voulaient avant tout mener très rapidement les travaux; aussi, en beaucoup d'endroits, la ligne n'avait qu'un caractère temporaire permettant seu-

lement le passage des trains de matériaux et de ballast ;
tous les ponts étaient en bois, en attendant que les pièces démontées des ponts de fer pussent arriver sur place. Aux stations de Wafangtien, dans le Liaou-Toung,
et de Liaou-Yang, au sud de Moukden, se détachaient
deux embrachements conduisant aux mines de charbon
de Lu-Sheng et de Mo-Shi-Sheng.

En même temps, on commençait les travaux de créa-
tion d'un énorme port de commerce dans la baie de Talien-Van ; ce port, qui se nomme Dalny, est destiné à
un grand avenir commercial; nous y reviendrons plus
tard.

Travaux de construction de la ligne de l'Est chinois.
— Sur la ligne principale de l'Est chinois, les travaux
étaient poussés avec la même activité ; dès le printemps
de 1898, des ingénieurs russes remontaient le cours de
l'Amour et celui du Soungari, jusqu'en amont de Hu-
Lang-Ting, et choisissaient sur la rive droite de cet affluent de l'Amour le point de jonction de la ligne de
Port-Arthur avec celle de Vladivostock.

A cet endroit, nommé Khar-Bin, se trouve une simple
distillerie chinoise; au mois de mai 1900, c'était déjà
une grande ville de plusieurs milliers d'habitants, pour
la plupart Russes, employés au chemin de fer.

De même que le port de Nioutchouang avait été
choisi comme le point le plus convenable pour expédier
les matériaux nécessaires à la construction de la ligne
vers le nord et vers le sud à la fois ; de même, on choisit
Khar-Bin pour centre des travaux du nord et pour point
de départ de la ligne du sud, car d'une part, la province de Kirin est très montagneuse à l'est du Soungari,
et, d'autre part, on rencontre la chaîne des Thinghan à
l'ouest.

Le point de jonction de Tchita précédemment convenu
pour l'embranchement de la ligne de l'Est-Chinois sur

celle de la Transbaïkalie, fut abandonné pour celui de
Kaidalovo.

La longueur totale du Transmandchourien, depuis Ni-
kolsk, où il rejoint la ligne Vladivostock - Khabarovsk,
jusqu'à Kaidalovo, où il atteint la ligne de Transbaïkalie, est de 1.580 verstes; si on ajoute 102 verstes de Ni-
kolsk à Vladivostock, cela nous donne en tout 1.682
verstes; la distance de Port-Arthur à Khar-Bin est de
890 verstes, et la distance totale de Port-Arthur à Kaidalovo, est de 1.960 verstes.

Administration de la Compagnie de l'Est-Chinois. —
Au point de vue administratif, le chemin de fer de
l'Est-Chinois est divisé en trois grandes parties : orientale, occidentale, méridionale, subdivisées en 22 sections.

Chacune de ces parties a respectivement pour chefs :
la partie orientale, l'ingénieur Sviaghine; la partie occidentale, l'ingénieur Botcharof; la partie méridionale,
l'ingénieur Hirchman.

Ces trois ingénieurs sont placés immédiatement sous
les ordres de l'ingénieur en chef Igouwitch.

Le bureau central de la direction se trouve à Khar-
Bin.

La section d'administration de la navigation flu-
viale à vapeur se trouve à Vladivostock.

En outre, sur les différents chantiers, sont employés
plus de 150 ingénieurs ou agents techniques.

Pour assurer le service médical sur toute l'étendue de
la ligne en construction, il a été institué une organisation sanitaire composée de 24 médecins et de 75 aides-
chirurgiens, placés sous les ordres d'un médecin en chef,
le docteur Polétika.

Les employés subalternes, ainsi que les agents plus
élevés dont nous venons de parler sont tous recrutés en
Russie, et amenés sur les chantiers à bord des bateaux
de la flotte volontaire.

Le contingent des manœuvres est recruté principalement parmi les Chinois; au mois de mai 1900, plus de 100.000 ouvriers Chinois étaient employés sur les différents chantiers.

La Compagnie du chemin de fer de l'Est-Chinois a été autorisée à organiser sur mer et sur les fleuves un service de navigation à vapeur, afin de lui permettre de recruter dans les ports d'Extrême-Orient le personnel nécessaire aux constructions et d'apporter sur place les matériaux utiles; tous ces bateaux serviront de liaison, quand la ligne sera terminée, entre le chemin de fer et les ports de Chine et du Japon.

L'intendant de la navigation maritime de la Compagnie est M. Bostelman, qui réside à Port-Arthur.

Afin de fournir aux employés européens les objets de première nécessité, la Compagnie a organisé à Khar-Bin un magasin spécial de provisions.

Port de Dalny, comparaison avec celui de Nioutchouang. — En vue de l'importance toute particulière que présentera pour la Compagnie le port marchand de Dalny, en qualité de terminus commercial de la ligne, il lui a été donné le droit de s'occuper aussi de la construction et de l'exploitation de ce port.

Par l'article VI de l'agrément russo-chinois du 27 mars 1898, une partie de la baie de Talien-Van, cédée à la Russie, doit rester port franc; la position de ce port, nommé Dalny, destiné dans l'esprit du tsar à faire tomber complètement le commerce de Nioutchouang, fut choisie au sud de la baie.

Le commerce principal de la Mandchourie se fait par la vallée du Liaou et le port de Nioutchouang; mais il est fort entravé par les conditions climatériques de ce pays où il n'existe à vrai dire aucune route, et où les transports sont fort lents et pénibles. Le grand trafic est celui des pains de fève, après que l'huile en a été extraite ; le temps demandé pour la préparation et l'expédition de ces tourteaux ne permet pas de les exporter l'année de leur récolte, à cause justement de la pénurie des moyens de transport ; il faut toujours attendre le printemps suivant quand la débâcle des glaces est terminée ; et, en outre, le fleuve Liaou n'est navigable que sur les 230 derniers kilomètres de son cours, ce qui exige que les tourteaux venant de l'intérieur du pays soient emmagasinés le long de la route pour être transportés à nouveau plus loin, jusqu'à ce qu'ils arrivent enfin à un point où le fleuve est navigable.

Le grand marché de la Mandchourie est établi à Nioutchouang, dont le commerce est entre les mains de négociants du Sud, aussi bien pour l'importation que pour l'exportation.

Ils accourent à Nioutchouang, comme des oiseaux de passage au printemps, parce que c'est le seul port de la Mandchourie ouvert au commerce et aux vapeurs, puis ils rentrent chez eux au commencement des gelées. Il est donc certain que, si un port restait ouvert et libre de glaces toute l'année, le commerce de la Mandchourie se détournerait vers ce point, et Dalny est un des points de la côte dont le climat est le plus favorable. Il y avait donc tout lieu de croire que les marchandises et les produits chinois de tout le bassin du Liaou et même de la Mongolie, afflueraient sur la ligne de Khar-Bin à Dalny.

L'emplacement de la ville et du port de Dalny a donc été choisi au sud de la baie de Talien-Van dans une position des plus favorables ; un brise-lames, deux longues jetées formées de blocs énormes de béton de ciment transportés sur place par des grues à vapeur, ont été construites contre les tempêtes amenées par les vents d'Est ; le port est spacieux, commode aux navires de tout tonnage et bien abrité.

La ville s'étend en éventail tout le long de la baie; bâtie en briques et en fers à T, elle offre tout le confort moderne, éclairage électrique, tout à l'égoût, eau à tous les étages, etc...

La Compagnie du chemin de fer a été autorisée, afin de se conserver l'unité technique et administrative de la construction du port et de la ville, à s'occuper de l'organisation générale de la ville sous la surveillance du Ministre des finances. Comme ingénieur en chef de la construction du port et de la ville a été nommé M. Sakharof, qui s'est transporté sur le lieu des travaux aussitôt après la décision de leur mise en train. Il est assisté d'un nombreux personnel d'ingénieurs et de surveillants russes, et de travailleurs chinois.

En 1899, six bateaux à vapeur, achetés par la Compagnie, débarquaient personnel et matériel sur les quais de Vladivostock, Port-Arthur, Dalny et Ynkou (Nioutchouang), en même temps la Compagnie construisait des débarcadères et des docks à Tchéfou, Kastra, Nagasaki, Pétropanlowk et Shanghaï

Partout elle cuvre des agences dans les ports de Chine, du Japon et de la Corée. En 1900, la flotte de la Compagnie s'augmente de deux grands vapeurs commandés en Angleterre et en Allemagne.

Mais, au mois de mai 1900, la Mandchourie, qui venait de passer six années de tranquillité relative, et voyait son commerce augmenter de jour en jour, devient à nouveau le théâtre d'opérations militaires. Le mouvement boxeur du Petchili avait son retentissement sur les rives de l'Amour, et les colonnes russes refoulaient partout devant elles les troupes chinoises qui avaient commencé les hostilités.

Les forces russes de la Sibérie orientale en mai 1900.

L'Asie russe, au point de vue militaire, est partagée en trois grandes régions : Turkestan, Sibérie, Amour.

Pour réprimer le soulèvement boxeur tant dans le Petchili qu'en Mandchourie, les seules forces du district de l'Amour furent employées, bien que les troupes de la Sibérie et celles du district de Semirjetschensk dans le Turkestan eussent été mobilisées et que l'on eût appelé dans la Sibérie orientale des troupes de la Russie d'Europe.

Organisation militaire de la Sibérie orientale. — A la tête du district militaire de l'Amour est le **général de division Grodekof**, gouverneur général de la région de l'Amour. Ce district comprend les territoires militaires de l'Amour, de la Transbaïkalie, de la côte et du Kouangtoung.

Chacun de ces territoires est placé à son tour sous les ordres d'un gouverneur militaire : pour l'Amour, le **général de division Gribski**; pour la Transbaïkalie, le **général de brigade Maziewski**; pour la côte, le **général de brigade Tchitchakof**; pour le Kouangtoung, le **vice-amiral Alexeief**.

Au moment où éclata le mouvement boxeur, les troupes du district militaire de l'Amour comprenaient :

1° Trois brigades de tirailleurs de Sibérie orientale, chacune de 4 régiments à 2 bataillons;

2° Deux brigades d'infanterie de ligne, la première à 4 bataillons, la deuxième à 5 bataillons;

3° Deux bataillons de ligne indépendants dans le territoire de l'Amour;

4° Deux bataillons de réserve indépendants dans le territoire de Transbaïkalie;

5° Une brigade de cavalerie d'Oussouri, comprenant un régiment de dragons à 6 escadrons et un régiment de cosaques de Transbaïkalie à 6 sotnias;

6° Trois régiments de cosaques de Transbaïkalie indépendants à 6 sotnias chacun;

7° Un régiment de cosaques de l'Amour à 3 sotnias;

8° Une sotnia de cosaques d'Oussouri qui était rattachée à la brigade de cavalerie d'Oussouri;

9° Deux brigades d'artillerie de Sibérie orientale, dont la première comptait 4 batteries à pied, 2 de montagne, 2 d'obusiers, et la deuxième 4 batteries à pied;

10° Deux parcs d'artillerie volants appartenant à ces batteries;

11° Une division d'artillerie de Sibérie orientale à 3 batteries à pied;

12° Une division d'artillerie de Transbaïkalie à 2 batteries à pied;

13° Une batterie de cosaques de Transbaïkalie;

14° Un bataillon de génie, une compagnie de sapeurs-mineurs, un bataillon de chemins de fer, une compagnie du train des équipages.

Comme troupes de forteresse, il y avait en outre :

1 régiment d'infanterie à 5 bataillons; 13 compagnies d'artillerie; 1 détachement d'artillerie; 1 compagnie du génie; 3 compagnies de sapeurs-mineurs; 1 compagnie de télégraphistes.

Mobilisation des troupes russes (juin 1900). — Toutes ces troupes ont, sur le pied de paix, un effectif à peu près égal à celui du pied de guerre; aussi leur mobilisation est-elle facile et rapide.

Par décret impérial, l'ordre de mobilisation fut donné le 23 juin 1900 pour les troupes de l'Amour qui subirent alors les transformations suivantes :

a) *Pour les troupes régulières.*

1° Les cinq bataillons de la 2° brigade de ligne devinrent cinq régiments de tirailleurs à 2 bataillons; quatre de ces régiments formèrent la 4° brigade de tirailleurs de Sibérie orientale ;

2° Les deux bataillons de réserve de Stretensk et de Tchita en Transbaïkalie formèrent deux régiments à 4 bataillons plus un 5° bataillon indépendant; ces deux régiments constituèrent la 1re brigade d'infanterie de Sibérie ;

3° Neuf bataillons de complément à raison de deux pour chacune des 4 brigades de tirailleurs et d'un pour la brigade d'infanterie furent créés;

4° Les deux parcs d'artillerie volants devinrent deux brigades de parc et un parc spécial de munitions fut constitué pour les deux batteries d'obusiers.

b) *Pour les cosaques.*

1° Le régiment des cosaques de l'Amour fut porté de 3 à 6 sotnias par l'incorporation de la 1re portion de la réserve, tandis que les trois sotnias de la 2e portion de la réserve devinrent la division des cosaques de l'Amour (un demi-régiment) ;

2° Les 2 bataillons de cosaques de chacune des 1re et 2e portions de la réserve de Transbaïkalie formèrent la brigade à pied des cosaques de Transbaïkalie ;

3° Deux régiments de cosaques de Transbaïkalie furent constitués à l'aide de la première portion de réserve, et un avec la 2e portion ;

4° Avec la 1re portion de réserve de Transbaïkalie furent encore organisées 2 batteries de cosaques de Transbaïkalie ;

5° La sotnia des cosaques d'Oussouri, complétée par une sotnia de la 1re portion et une de la 2e portion de réserve, devint la division de cosaques d'Oussouri (un demi-régiment).

Plus tard, une sotnia de complément à pied et une à cheval furent créées pour les cosaques de Transbaïkalie.

Les cosaques de Sibérie orientale. — Un ordre du jour du général Grodekof, ataman des armées de cosaques de l'Amour, de la Transbaïkalie et de l'Oussouri, nous apprend, au moment de la fin des opérations, que ces différentes armées de cosaques ont mis en ligne dans leur ensemble :

56 sotnias à cheval, 23 sotnias à pied, 4 batteries.

Chaque sotnia de cosaques à cheval, non compris les officiers, compte 150 hommes; la sotnia à pied et la batterie de cosaques 180 hommes chacune, ce qui nous donne pour l'ensemble 13.260 cosaques mobilisés, c'est-à-dire environ 57 p. 100 de la population totale des cosaques de l'Asie orientale.

D'après le rapport du général Grodekof, il y aurait eu 7 officiers et 85 cosaques tués au cours des opérations; 13 officiers et 220 cosaques blessés, ce qui donnerait en tués et blessés 2,3 p. 100 chez les hommes de troupe et environ 6,6 p. 100 chez les officiers, comme pertes subies, au cours de la campagne.

Dans tous ces nombres ne figurent pas les cosaques appartenant au corps de police de l'Asie orientale russe.

Ajoutons que les bataillons de la première brigade de ligne devinrent des régiments de tirailleurs vers la mi-juillet et prirent le nom de 5ᵉ brigade de tirailleurs de Sibérie orientale. Plus tard encore, fut formée une 6ᵉ brigade de tirailleurs de la Sibérie orientale avec les trois bataillons restant de la brigade de ligne (après leur transformation en régiments de tirailleurs) et le 24ᵉ régiment de tirailleurs sibériens orientaux nouvellement créé en Europe.

Mobilisation des troupes de la Sibérie et du Turkestan. — Le 21 juillet 1900 un décret impérial prescrivait la mobilisation des troupes de Sibérie et du territoire de Semirjetschensk. A la réception de cet ordre, les 7 bataillons de réserve disponibles furent transformés en 7 régiments d'infanterie à cinq bataillons de campagne et un bataillon de dépôt; six de ces régiments constituèrent les 2ᵉ, 3ᵉ et 4ᵉ brigades d'infanterie sibérienne.

Le régiment de Semirjetschensk demeura indépendant.

Chacune de ces brigades devait recevoir une division d'artillerie sibérienne (2 batteries) prélevée sur les brigades d'Omsk et de Saratof. Mais les divisions des

3e et 4e brigades furent démobilisées peu de temps après leur formation et n'allèrent. pas en Sibérie orientale.

La 1re et la 2e portion de réserve de l'armée cosaque de Sibérie fournirent chacune déux régiments qui constituèrent la division sibérienne de cosaques à 2 brigades. En outre furent créées 3 sotnias de dépôt.

Le territoire de Semirjetschensk fournit un régiment de chacune des 1re et 2e portions de réserve des cosaques.

Toutes ces troupes d'ailleurs restèrent en dehors des opérations militaires actives et furent employées à la protection des frontières; en outre, une partie de la 1re brigade de tirailleurs du Turkestan et de la 1re brigade d'artillerie du Turkestan reçurent l'ordre de se tenir prêtes à se porter sur le territoire de Semirjetschensk.

Troupes de la Russie d'Europe. — En ce qui concerne les troupes de la Russie d'Europe, on devait envoyer comme renforts en Extrême-Orient les 1re, 2e, 3e, 4e et 5e brigades de tirailleurs avec leurs parcs d'artillerie et leurs sections de munitions; le 3e et le 7e bataillon du génie, le 3e bataillon de chemin de fer, une compagnie du 4e pontonniers et une des 13e et 17e bataillons du génie; la 2e batterie des tirailleurs de la garde, composée de six pièces à tir rapide et enfin 12 hôpitaux de campagne.

Mais comme la défaite des Chinois fut accomplie beaucoup plus rapidement qu'on ne le pensait, les 1re et 2e brigades de tirailleurs avec leur artillerie et leurs sections de munitions, ainsi que le 3e bataillon du génie, ne furent pas envoyés en Asie orientale.

Quant au reste des renforts, peu d'unités eurent l'occasion de prendre part aux opérations actives et la plus grande partie fut renvoyée en Europe. Des compagnies des 4e, 13e et 17e bataillons du génie, on forma un 2e bataillon de génie de la Sibérie orientale.

Commandement des troupes d'opération. — A l'origine de la mobilisation, en juin 1900, toutes les troupes devaient être groupées en quatre corps d'armée, dont 3 corps sibériens et un corps de débarquement. Le commandement du 1er corps fut donné au général Linewitch, celui du 2e au général baron de Kaulbars, celui du 3e au général Mylof, celui du corps de débarquement au général Filipof. Mais comme il n'y eut, en somme, jamais à employer les forces d'un corps d'armée tout entier, ces différents corps ne furent jamais constitués comme le prévoyait l'état de mobilisation et les troupes furent groupées selon les besoins du moment.

Ce sera donc surtout par l'étude des opérations de détail dans chacune des parties de la Mandchourie que nous pourrons suivre les formations et les groupements des divers détachements. En réalité, pour réprimer le mouvement des boxeurs, les troupes russes eurent à leur tête, dans le Petchili, le général Linewitch, en Mandchourie le général baron Kaulbars.

Total des forces russes rassemblées en Extrême-Orient au mois d'octobre 1901. — D'après les publications du journal militaire officiel le *Rousski-Invalid*, les forces totales des Russes en Extrême-Orient, y compris les états-majors et les services administratifs de mobilisation, s'élevèrent à 3.900 officiers et 173.000 hommes.

D'après le même journal, cette armée, en octobre 1900, se décomposait comme il suit :

a) En Mandchourie et dans le territoire du Kouang-toung : 59 bataillons, 6 escadrons, 56 sotnias, 208 pièces de canon.

b) Dans le Petchili : 12 bataillons, 5 sotnias, 44 pièces de canon.

c) Dans les territoires russes des frontières, comme garde-frontière formant réserve : 45 bataillons, 51 sotnias, 84 pièces de canon.

Ce qui nous donne pour l'ensemble un total de : 126 bataillons, 6 escadrons, 112 sotnias, 336 pièces de canon.

En outre, on forma un nouveau bataillon de garnison pour Wladivostock, un pour Nicolaïewsk, quatre bataillons et deux compagnies d'artillerie pour Port-Arthur.

Les formations sanitaires mobilisées comprenaient en tout 53 hôpitaux et 3 transports sanitaires.

Comme réserve de chevaux furent établis cinq dépôts de remonte comptant 2.200 chevaux.

Pour terminer cette énumération des forces russes, il faut ajouter que le besoin de cavalerie s'étant fait beaucoup sentir au cours des opérations, *on créa*, en outre des 112 sotnias et des 6 escadrons mentionnés ci-dessus, *des commandos de chasseurs tirés des régiments de tirailleurs de la Sibérie orientale. Ces commandos sont de l'infanterie montée adjointe aux régiments de ligne ou de tirailleurs, à raison de 4 hommes par compagnie.*

Il fut créé ainsi 4 brigades d'infanterie montée sibérienne, chaque brigade comptant 128 hommes (non compris les officiers et les sous-officiers), c'est-à-dire que la force de chaque brigade était à peu près égale à celle d'un escadron.

II

LES OPÉRATIONS RUSSES EN MANDCHOURIE

(La partie militaire de ce travail a été conçue entièrement d'après les publications officielles faites par l'état-major russe en 1901 sur les opérations des armées russes en Mandchourie, de juin à fin octobre 1900.)

1° Opérations dans le Nord de la Mandchourie.

Répartition des troupes chinoises. — Au moment où commencent les troubles dans le Petchili (mai, juin 1900), le gouverneur chinois de la province de Tsitsikar, nommé Cheu, répartit ses troupes en deux groupes : le premier, fort de 15.000 hommes avec 45 pièces de canon, reçut l'ordre de se porter sur Blagovetschensk, de se rendre maître de ce point et d'interrompre la navigation russe sur l'Amour; le second, comptant environ 10.000 hommes, avait pour mission de mettre la main sur la ligne ferrée de Tsitsikar à la frontière de Transbaïkalie, de chasser devant elle les Russes et de continuer même sa marche en avant dans la Transbaïkalie.

D'autres détachements moins importants furent postés le long de la frontière sur la rive droite de l'Amour et de l'Aigun.

Ouverture des hostilités à Aigun (14 juillet 1900). — Le 14 juillet, le bateau à vapeur *Michel* de la flottille de l'Amour escortait, de Khabarovsk à Blagovetschensk, 5 jonques chargées de matériel d'artillerie quand, arrivé à hauteur d'Aigun, il aperçut les Chinois qui, à l'aide de fanions-signaux, lui intimèrent l'ordre de stopper et demandèrent au commandant de descendre à terre avec tous ses officiers.

Le commandant refusa de se soumettre entièrement aux injonctions des Chinois, mais il fit cependant arrêter son bateau et envoya un officier à terre.

Sur ces entrefaites arrivait un autre vapeur, la *Selenga*, ayant à bord le lieutenant-colonel Kohlschmidt, chef de la région-frontière de l'Amour, qui donna l'ordre au *Michel* de reprendre immédiatement sa route sur Blagovetschensk.

Mais à peine ce bateau s'était-il mis en mouvement que les Chinois ouvrirent de la rive un violent feu de mousqueterie et une vive canonnade sur les deux vapeurs qui purent cependant, malgré les avaries subies, atteindre Blagovetschensk.

Le lieutenant-colonel, 4 cosaques et 2 matelots avaient été blessés.

L'officier russe descendu à terre fut conduit au chef de district d'Aigun qui lui fit connaître qu'il avait l'ordre de s'opposer au passage de tout bateau russe sur l'Amour et le laissa gagner Blagovetschensk par voie de terre.

Démonstration sur la rive gauche de l'Amour. — Pour rétablir la libre circulation sur l'Amour, un détachement fut organisé à Blagovetschensk pour se porter sur Aigun et refouler les Chinois dans le Sud.

Ce détachement, placé sous les ordres directs du généra Gribski, comprenait :

2 compagnies du 2ᵉ bataillon de ligne de Sibérie orientale, 6 pièces de canon de la 2ᵉ brigade d'artillerie, 1 sotnia du régiment des cosaques de l'Amour.

Il se mit en marche le long de la rive gauche de l'Amour, tandis que les vapeurs *Michel* et *Selenga* descendaient le fleuve en se maintenant à sa hauteur, chacun d'eux ayant 2 canons à bord.

Aussitôt que les Chinois aperçurent ce mouvement, ils ouvrirent le feu, auquel le général Gribski ne tarda pas à répondre, mais le soir, le général russe entendant le canon dans la direction de Blagovetschensk y ramena son détachement.

Son opération avait eu comme résultat d'attirer un grand nombre de troupes chinoises sur la rive droite de l'Amour, où elles commencèrent à se retrancher. La canonnade entendue provenait du feu d'artillerie que les Chinois, postés sur les hauteurs de Sachaljan, avaient ouvert sur Blagovetschensk, et qu'ils continuèrent jusqu'à ce que l'obscurité fût complète.

Le bombardement recommença le lendemain dès le petit jour et dura ainsi jusqu'au 1ᵉʳ août.

Pour défendre Blagovetschensk, le général Gribski avait, en tout à sa disposition, 2 bataillons et demi, 14 pièces, 5 sotnias, une compagnie de réservistes et une de territoriaux.

Concentration des troupes russes à Blagovetschensk. — Pour renforcer cette garnison, on envoya trois détachements sur Blagovetschensk. Le premier, parti de Khabarovsk par vapeur, le 18 juillet, sous les ordres du colonel Servianof, comprenait le 14ᵉ régiment de tirailleurs, le 10ᵉ bataillon de ligne de la Sibérie orientale, une sotnia de la division des cosaques de l'Amour, la 4ᵉ batterie et 2 obusiers de la 1ʳᵉ brigade d'artillerie. Il arrivait le 1ᵉʳ août.

Le 2ᵉ détachement, conduit par le colonel Schwerin, se composait d'une batterie et demie de la division d'artillerie de Transbaïkalie, de 3 compagnies des régiments de Stretensk et de Tchita. Transporté également sur des vapeurs de Stretensk, il arriva le 29 juillet à Blagovetschensk, après avoir eu, à Mocho, un engagement avec les Chinois.

Après l'arrivée de ces deux détachements, le général Gribski prit l'offensive sans attendre le troisième et s'empara de Sachaljan le 2 août.

Le 3 août, le dernier détachement de renfort entrait à Blagovetschensk, sous les ordres du général Rennenkampf; il comptait : le 2ᵉ et le 4ᵉ bataillon du régiment de Strétensk, les 3ᵉ et 4ᵉ bataillons du régiment de Tchita, 2 sotnias des cosaques de l'Aigun et la 2ᵉ batterie des cosaques de Transbaïkalie.

Comme le colonel Schwerin, le général Rennenkampf fut attaqué par les Chinois à hauteur de Mocho; il les défit complètement, s'empara ensuite des lavages d'or de Scheltuga et laissa une sotnia et demie des cosaques de l'Aigun pour éviter de nouveaux incidents dans ces parages.

Combats du 4 août. — Le 3 août, il arrivait à **Blago**vetschensk et passait aussitôt sur la rive droite de l'Amour pour rejoindre les troupes de Gribski qui se mirent en marche dès le lendemain matin sur Aigun. Les Chinois résistèrent opiniâtrement sur quatre lignes successives de défense, puis dans Aigun même qui tomba le soir au pouvoir des Russes.

La plus grande partie des forces chinoises prit la fuite dans la direction de Tsitsikar; Rennenkampf avec 4 sotnias et demie et 2 pièces de canon fut chargé de les poursuivre sur la route de Tsitsikar et, dans la nuit du 5 au 6 août, il rentrait à Aigun, ramenant 9 drapeaux chinois et 2 mitrailleuses.

Le 6 août, il partit de nouveau pour continuer la poursuite, ayant sous ses ordres 2 sotnias et demie de cosaques de l'Amour et de Nertchinsk et 2 pièces de la batterie des cosaques de Transbaïkalie.

Avant d'entreprendre l'historique de la marche du détachement Rennenkampf, il faut mentionner le butin conquis sur les Chinois dans les rencontres du 4 août.

Le point le plus marquant de cette journée fut le combat acharné autour de la position de Koluschau, qui domine Aigun, où les Russes prirent deux drapeaux vaillamment défendus par les Chinois, sans compter une cinquantaine de fanions, 4 pièces d'acier se chargeant par la culasse, 18 pièces de bronze se chargeant par la bouche, 13 mitrailleuses, 2 canons Nordenfeldt, 900 fusils de différents modèles, des pieux, des hallebardes, des lances, des haches, des flèches. Les Chinois avaient eu près de 800 tués. Les Russes incendièrent et détruisirent Aigun, ne laissant subsister qu'une pagode servant de caserne à la garnison qui y fut laissée.

Journal de marche du détachement Rennenkampf. — Le 6 août, Rennenkampf quitte Aigun; il atteint le 7 l'arrière-garde des Chinois à Jejur, à 48 kilomètres d'Aigun. Cette arrière-garde, forte de 800 fantassins, 300 cavaliers et 10 pièces de canon, prend l'offensive contre les Russes; elle est repoussée et perd 2 canons; les cosaques, dans ce combat, durent combattre à pied, à cause du terrain montagneux et boisé; ils perdirent un officier et 10 hommes tués, 2 officiers et 24 hommes blessés.

Refoulant les Chinois devant lui, Rennenkampf atteint Jeltschan le 8 août et Santschan le 10.

Les troupes chinoises occupent alors sur le versant oriental des monts Khinghan une position très forte, défendue par 4.000 fantassins, 5.000 cavaliers et 12 pièces de canon; cette position, au col même des Khinghan, était d'une très grande importance pour la suite des événements.

Trop inférieur en nombre, Rennenkampf attend les renforts qui lui ont été envoyés d'Aigun et qui lui parviennent le 15 août comprenant : les 1er, 2e et 4e bataillons du régiment de Stretensk, les 1er, 3e et 4e bataillons du régiment de Tchita, 1 sotnia des cosaques de l'Amour, la division d'artillerie de Transbaïkalie; au total 6 bataillons, 1 sotnia et 20 pièces de canon.

Le 16 août, Rennenkampf attaque la position chinoise sur le flanc de laquelle il avait envoyé sa cavalerie pendans la nuit; après un sanglant combat les Russes sont maîtres de la position et s'emparent de 8 pièces de canon. Trois sotnias sont chargées de la poursuite, tandis que le reste du détachement s'établit à Syntschan.

La cavalerie russe arrive à Minache le 17, occupe le soir Mergen, où elle entre après un petit combat au cours duquel elle ne subit aucune perte. Le 18, tout le détachement Rennenkampf entrait à Mergen où il trouve 12 canons, 700 fusils, des armes blanches et d'énormes provisions de poudre.

Par la prise de Mergen, Rennenkampf accomplissait la 1re partie de sa mission, car, s'il n'avait pas entièrement anéanti son adversaire, il l'avait en tout cas rendu incapable de toute résistance désormais.

Son détachement avait perdu 3 officiers et 22 hommes tués, 5 officiers et 79 blessés, et c'était surtout parmi les cosaques que les pertes étaient élevées.

Les dépêches qu'il saisit à Mergen apprirent à Rennenkampf que le commandant en chef chinois et son chef d'état-major avaient été tués dans le combat du col de Khinghan. Rennenkampf laissa une garnison à Mergen, où il rassembla tous les canons conquis depuis le départ d'Aigun.

Après la prise de Mergen, le gouverneur général Grodekof adressa au général Gribski le télégramme suivant : *Je ne trouve pas de mots pour remercier les héroïques troupes du détachement de Mergen et leur vaillant chef. Sans trêve ni repos, sans se préoccuper de la force de l'ennemi et des trophées déjà conquis, il n'a-*

vait qu'un but, qu'une pensée, l'anéantissement de l'adversaire. Les opérations du général Rennenkampf entre Aigun et Mergen et la prise de cette ville sont un modèle de conduite de combat et de poursuite sans repos. Avec l'aide de Dieu, j'ai la ferme conviction que le détachement de Rennenkampf accomplira avec succès toute sa mission.

Faites-lui connaître que cinq croix d'un ordre militaire seront distribuées dans chaque sotnia, 4 dans chaque batterie, 2 dans chaque compagnie.

Le 21 août, Rennenkampf continua sa marche sur Tsitsikar, après avoir envoyé, le 20, sa cavalerie en avant; le 23, tout le détachement atteignait Komincha-Uchan, à 57 kilomètres de Mergen.

Là, il reçut un parlementaire du gouverneur de Tsitsikar qui lui proposait de suspendre les opérations; Rennekampf répondit qu'il poursuivrait sa marche sur Tsitsikar.

Le 23, sa cavalerie occupait Bordo, où le gros entrait le 24 et s'emparait de 10 pièces de canon. Les Chinois se repliaient sans combat, tandis que la cavalerie russe passait le Nemer et poussait jusqu'à Lachotchan; le gros passait le Nemer le 26 sur le pont qu'il venait d'y établir. Les habitants de Lachotchan montrèrent des dispositions très amicales et pacifiques; ils vendirent de très bonne volonté de la viande, de l'avoine et du bois.

Le 26 août, la cavalerie occupe Nan-Nan-Tchan et le 28 Rennenkampf, après une légère résistance, entre à Tsitsikar avec 460 cosaques et la 2ᵉ batterie des cosaques. En même temps il envoyait un détachement pour occuper le point de passage sur le Nonni et un autre pour se mettre en liaison avec le détachement du général Orlof, qui de Transbaïkalie s'était porté sur Tsitsikar. Dans cette cité Rennenkampf trouva 31 canons.

- Le gouverneur de la province Cheu s'était empoison-

né. Le gros du détachement entrait à Tsitsikar le 29,
n'ayant eu aucune perte sensible à subir depuis la prise
de Mergen.

Formation du détachement Orlof en Transbaïkalie. —
En même temps que le général Rennenkampf accomplissait cette marche victorieuse de Blagovetscheusk à Tsitsikar, d'importantes opérations se déroulaient dans la
partie ouest de la Mandchourie septentrionale. Outre les
détachements Schwerin et Rennenkampf, les autorités
militaires du district de Transbaïkalie organisèrent un
troisième groupe pour marcher contre les Chinois qui
s'étaient emparés de la section occidentale de la voie
ferrée qu'ils avaient en partie détruite, repoussant les
Russes devant eux. Ce détachement comprenait les cosaques des 1re et 2e portions de la réserve formant les 3e, 4e,
5e et 6e bataillons de cosaques de la Transbaïkalie, le 3e
régiment de Vertchnendinsk à 6 sotnias et la 3e batterie
des cosaques de Transbaïkalie à 6 pièces. Le commandement en fut confié au général Orlof qui rallia en outre
les troupes de protection de la ligne repliées devant les
Chinois et consistant en une compagnie d'infanterie,
une sotnia de l'Oural et une sotnia de Terek.

Journal de marche du détachement Orlof. — Le 26
juillet, le détachement envahissait la Mandchourie près
d'Abagaïtui, en suivant la voie ferrée de l'Est chinois; le
30, il tombait sur un parti de Chinois fort de 5.000 hommes qu'il battait malgré une vive résistance, lui tuant
son chef, lui prenant un canon et 8 drapeaux.

Au cours de cette action qui eut lieu près d'Aïgun,
le commandant des troupes chinoises du district de Kaïlar, Chuando, avait réussi à s'échapper avec 60 cavaliers
choisis.

Le 2 août, le détachement atteignait la station d'Undunga où il mit la main sur un énorme convoi de voi-

tures chinoises, contenant des effets d'habillement et des munitions; le 3, il entrait à Kaïlar.

Le capitaine de cavalerie Bulatowitch, qui précédait la colonne, était tombé, le 2 août, sur les troupes chinoises devant Kaïlar et avait dû engager le combat.

A cette nouvelle le général Orlof, laissant seulement 2 sotnias à pied à la garde du convoi, se met en marche d'Undunga à 3 h. 1/2 du matin, après avoir fait déposer les sacs, et arrivait à 11 heures du matin devant Kaïlar; l'ennemi s'enfuit en toute hâte à son approche.

Quatre drapeaux furent pris dans l'engagement de Kaïlar, sans compter d'énormes provisions de farine, d'avoine, de riz et de thé.

Environ 180 kilomètres séparent Abagaitui de Kaïlar; cette dernière localité n'est qu'un petit chef-lieu de district, mais constitue pour les Russes un point important comme centre de l'administration de la section occidentale des chemins de fer de l'Est chinois. Aussi le général Orlof y laissa-t-il une assez importante garnison, afin que les travaux de construction de la ligne pussent être repris aussitôt. Le pays compris entre Kaïlar et la frontière fit dès lors partie de la 2e section du district militaire de Transbaïkalie et fut placé sous les ordres de l'hetman de cette section.

Le 4 août, le général Orlof avait chargé Bulatowitch de poursuivre l'ennemi avec une fraction de cavalerie qui rejoignit l'arrière-garde des Chinois à Tcharmete et l'attaqua sans hésitation. Bulatowitch s'empare ainsi de 18 fourgons de provisions, mais il perd un tué, deux blessés et 4 disparus dans cette rencontre; l'ennemi s'enfuit en désordre et ne s'arrêta qu'à 43 kilomètres de là.

Le 13 août, le général Orlof continue sa marche sur Tcharmete où il avait envoyé sa cavalerie le 12; elle occupait Jackili le 13 et s'assurait que les Chinois s'étaient établis fortement sur le col voisin. A cette

nouvelle, Orlof part de Tcharmete à 5 heures du matin,
le 14 août, et après une marche très pénible de 40 kilomètres s'établit en face de la position signalée par sa
cavalerie comme étant occupée par l'ennemi. Pendant
toute cette longue marche on ne trouva qu'un puits et
une mare pour étancher la soif des troupes. Les voitu-
res du convoi ainsi que les sacs furent laissés dans le
voisinage de la mare, et à 2 heures de l'après-midi, l'assaut fut donné; l'effort principal fut porté contre l'aile
gauche des Chinois qui résistèrent avec énergie; au milieu de l'action éclata un violent orage avec une pluie
battante et une terrible averse de grêle; il faisait tellement sombre qu'on ne pouvait rien distinguer à 100 pas
devant soi : Orlof en profita pour lancer contre l'aile
droite ennemie un bataillon tenu jusque-là en réserve et
donna l'assaut sur toute la ligne. Malgré le grand état
d'épuisement de ses troupes, Orlof les entraîna cependant jusqu'à la station de Jackchi, où il établissait le
bivouac à 11 heures du soir, et envoyait au milieu de
la nuit 2 sotnias de Vertchnendinsk et une sotnia des
troupes de protection de la voie jusqu'à la station voisine de Menduche. Le combat avait coûté 3 tués et 9
blessés au détachement qui avait pris à l'ennemi 1 canon
et 3 drapeaux. D'après les dires des prisonniers les forces chinoises s'élevaient à 7.000 hommes sous les ordres
des généraux Pao et Chuando.

Le premier, qui, au début des hostilités, était commandant en chef des troupes chinoises de protection de la
ligne, fut tué dans ce combat.

Le 20 août, Orlof arrive à Menduche; le 21, sa cavalerie atteint Charbo et la station d'Irekte; le 22, Orlof est
à Charbo, et le 23, sur le rapport de Bulatowitch, qui lui
rend compte que le col de Khinghan est occupé, il ras-
semble tout son détachement à Irekte.

Le 24, à 2 heures du matin, il attaque la position ennemie après avoir donné à Bulatowitch la mission de tomber sur les derrières des Chinois avec 4 sotnias de Vertchnendinsk et la sotnia de l'Oural. Pour exécuter cet ordre, Bulatowitch avait 90 kilomètres à faire par des mauvais chemins de montagne. Orlof conduisit lui-même l'attaque de front de la façon suivante : le 6ᵉ bataillon contre la droite ennemie, le 3ᵉ bataillon et la batterie contre l'aile gauche qui devait être tournée par les 4ᵉ et 5ᵉ bataillons; en réserve 2 compagnies du régiment de Tchita et la sotnia de Terek, à la garde du convoi, 2 sotnias de Vertchnendinsk. (Ce dispositif nous montre la composition du détachement Orlof. Les 2 compagnies du régiment de Tchita, ainsi que le 3ᵉ bataillon du régiment de Stretensk, avaient été envoyés comme renfort à Orlof et ont dû le rejoindre à Kaïlar; c'est ce qui explique son long séjour à Kaïlar, où il arriva le 3 août pour n'en repartir que le 13. Comme il n'est pas fait mention de ces renforts au cours des combats de Jackchi, il est probable qu'Orlof les avait laissés comme garnison à Kaïlar, puis en avait appelé une partie en voyant la résistance opiniâtre des Chinois à Jackchi. C'est probablement ce fait qui explique son séjour du 15 au 20 à Jackchi.)

Le combat du col de Khinghan se déroula comme celui de Jackchi : l'ennemi prit l'offensive et résista ensuite très vigoureusement aux Russes jusqu'au moment de l'assaut; il prit alors la fuite, poursuivi par la sotnia de Terek, qui l'empêcha de s'établir de nouveau sur le sommet du col. Là, eut lieu un choc de cavalerie; les cavaliers chinois voulaient dégager leur infanterie et se jetèrent avec impétuosité sur les cosaques, qui les dispersèrent en quelques instants mais eurent à déplorer la perte du chef de la sotnia Smoljamikof.

L'ennemi abandonna 3 canons et tout son convoi.

Bulatowitch, qui avait brillamment conduit ses sotnias

sur la ligne de retraite des Chinois, leur coupa la route
de Tsitsikar, leur prit encore 3 canons et les dispersa de
telle façon qu'ils ne pouvaient désormais offrir la moindre résistance.

Un Russe et sa femme, prisonniers des Chinois, furent
rendus à la liberté, 20 drapeaux, dont celui du commandant en chef furent pris; au cours de cet engagement
les Russes perdirent 3 tués et 9 blessés.

Le soir, Orlof réunit tout son détachement sur la rive
du Chingol; le 25, on enterra les morts; le 26, il atteignit la station de Jal; le 27, la station de Barim; le
28, Tchalantoun, où il fit reposer ses troupes le 29.

Le 31 août, la cavalerie entrait à Fuljardi où elle faisait sa jonction avec la cavalerie envoyée au-devant d'Orlof par Rennenkampf. Le 2 septembre, Orlof lui-même
arrivait avec le gros de son détachement à Fuljardi, et
le 4, il entrait à Tsitsikar.

Les opérations militaires dans la Mandchourie septentrionale étaient terminées. Les généraux Rennenkampf et Orlof avaient brillamment accompli leur mission. Par leur habile direction, par la discipline excellente de leurs troupes et leur conduite admirable, la
province de Holeng-Kiang était en possession absolue
des Russes.

Pour terminer il paraît intéressant de citer une proclamation du général Gribski et un édit qu'il fit publier
au milieu du mois d'août.

Habitants de la Mandchourie,

*Jusqu'à ces derniers temps, les Russes et les Mand-
chous vivaient en bonne amitié et c'était pour vous surtout fort avantageux et utile. Il y a un mois, vous avez
perdu la raison et avez eu l'insolence de tenter de prendre la ville de Blagovetschensk et ses habitants, oubliant*

que le grand tsar de toutes les Russies est immensément riche en territoires, en hommes et en armes; vous en avez été terriblement punis.

La ville d'Aigun et les villages riverains de l'Amour, qui se flattaient de s'emparer des Russes, sont maintenant détruits par les flammes, leurs troupes complètement battues, et les cadavres des Mandchous sont si nombreux dans l'Amour que les eaux du fleuve en sont salies.

Que jamais un habitant de la Mandchourie ne s'avise de rentrer dans les villages brûlés le long de la rive de l'Amour.

Mais vous, habitants des villes et villages qui n'ont pas pris les armes contre nous, ne craignez rien et écoutez ceci :

Les Russes vont bientôt réapparaître dans vos villes et vos villages.

Retenez bien surtout ces paroles puissantes : Ne tirez jamais sur nous, ne portez aucun préjudice à nos troupes ni aux paisibles travailleurs de la ligne du chemin de fer. Nous, de notre côté, nous ne vous effleurerons même pas du bout du doigt, comme nous l'avons toujours fait jusqu'ici, et vous vivrez absolument tranquilles dans vos campagnes. Mais si dans un village quelqu'un avait l'impudence de frapper un Russe, alors malheur à vous ! Ce village serait détruit de fond en comble par le feu et aucun de ses habitants ne serait laissé vivant.

C'est pour cela que je vous le répète encore, demeurez chez vous, vivez tranquilles comme jadis, travaillez et commercez.

Le tsar russe aime l'obéissance.

N'écoutez pas les mauvais conseils; ceux qui vous forcent à nous faire la guerre sont vos ennemis, vous n'avez que misère et que mort à attendre d'eux.

*Malheur à vous si vous agissez autrement que je viens
de vous le dire!*

Je porte ceci à la connaissance de tous.

L'édit qui suivit cette proclamation était ainsi conçu :

*Le gouverneur général des territoires de l'Amour me
fait connaître par télégramme que tout le pays occupé
par nos troupes, ou dans leur rayon d'action et qui était
jusqu'ici administré par l'autorité chinoise est placé
maintenant sous nos ordres et nos lois. Le colonel Sot-
nikof, l'officier le plus ancien de l'armée des cosaques
de l'Amour, qui remplace provisoirement le commissaire
de la frontière Kohlschmidt, blessé, reçoit le commandement administratif des territoires de Trausseja, d'Aigun et de Schaljan et résidera à Aigun.*

Deuxième théâtre d'opérations (province de Kirin).

Bombardement de Kharbin. — Au début du soulèvement chinois, tous les Russes employés à la construction
de la ligne, qui n'avaient pu regagner le territoire russe
s'étaient repliés sur Kharbin.

Pour s'emparer d'eux, les Chinois résolurent de prendre Kharbin, et mirent en mouvement une force d'environ 10.000 hommes qui s'avancèrent sur cette ville de
toutes les directions. Ils commencèrent le bombardement le 26 juillet et tentèrent de s'emparer de la ville
par un coup de main hardi. Leur tentative fut repoussée et ils laissèrent 2 canons entre les mains des Russes
qui furent très heureux de cette bonne aubaine, n'ayant
à leur disposition que 3 pièces de bronze fondues dans
les ateliers de Khabarovsk et seulement quelques boî-
tes à mitraille comme munitions; les pièces chinoises
avaient encore l'avantage d'être tout attelées et d'avoir
des caissons absolument pleins.

Le 27, les Chinois recommencent le bombardement; le 30, ayant reçu des renforts, ils se lancent de nouveau à l'attaque de Kharbin; ils échouent encore une fois, grâce à la brillante attitude des troupes de protection russes qui sauvèrent ainsi la localité et les Russes qui s'y étaient réfugiés. Dans les combats des 26 et 30 juillet, les troupes de protection avaient perdu 1 officier et 57 hommes tués, 2 officiers et 93 hommes blessés.

Arrivée de renforts à Kharbin. — Le 3 août, les Chinois voulaient entreprendre une troisième attaque; mais les différents détachements russes envoyés au secours de Kharbin arrivèrent juste à temps pour faire échouer leurs plans.

Des renforts envoyés de Khabarovsk et de Nicolsk-Oussouriski étaient sous le commandement respectif des généraux Sacharof et Tchitchakof.

Détachement Sacharof envoyé de Khabarovsk à Kharbin. — Le détachement Sacharof comprenait : le 17e régiment de tirailleurs de Sibérie orientale (2e bataillon), les 3e et 4e bataillons d'infanterie de ligne (actuellement 18e et 22e régiments de tirailleurs de Sibérie orientale); la 1re batterie de la 1re brigade et la 1re batterie de la 2e brigade d'artillerie (16 pièces); les 1re, 2e et 3e sotnias du régiment des cosaques de l'Amour, la 1re sotnia des cosaques d'Oussouri.

Le détachement fut expédié par bateau sur le Soungari.

Il occupait Wanlichotan le 21 juillet, Lauchi le 22, Wandcha le 23, s'emparait, après 2 heures de combat, de la forteresse de Bajantu, le 25.

Dans cette place, Sacharof trouva 5 canons Krupp de 15cm, 4 pièces de débarquement, une grande quantité de munitions, le tout en très mauvais état.

Le 26, Sacharof envoie une reconnaissance sur Sansin, qui lui apprit que cette place était occupée; il envoie alors au « fondontoun » (maire) la sommation de rendre la ville; ne recevant aucune réponse, il fait bombarder la ville le 28, de 9 heures du matin à 1 heure du soir. Vers midi, il donne l'ordre aux cosaques et à l'infanterie de passer à gué le Kunho qui contourne la ville au nord et de l'attaquer. Les Chinois qui jusque-là se défendaient avec une endurance opiniâtre prirent la fuite abandonnant aux Russes 22 canons et une quantité d'armes portatives.

Les habitants avaient presque tous abandonné la ville. Les Russes avaient perdu 1 homme tué, 1 officier et 6 hommes blessés. La prise de Sansin et la défaite infligée aux Chinois étaient pour Sacharof d'une importance capitale; il pouvait maintenant continuer sans difficultés sa marche sur Kharbin, où il arriva le 3 août au soir. Dans la nuit du 3 au 4 arrivait également le détachement du général Tchitchakof envoyé de Nicolsk-Oussouriski.

Détachement de Tchitchakof envoyé de Nicolsk à Kharbin. — Les renseignements manquent un peu sur la composition de ce détachement; il devait comprendre le 4ᵉ régiment de tirailleurs, deux escadrons de dragons de Primorsk et la 5ᵉ batterie de la 1ʳᵉ brigade.

Le 19 juillet, il s'empare de la forteresse d'Echo et s'avance jusqu'à la station de Mutanchan, sur la rivière Muchan. Le général Tchitchakof paraît avoir laissé là une partie de son détachement pour permettre aux ouvriers de la ligne de reprendre les travaux de construction. Le reste du détachement fut envoyé sur Kharbin sous les ordres du colonel Denissof, car, dans les rapports des différents engagements de Kharbin, il n'est fait mention que de l'arrivée du détachement Denissof.

Les 5 et 6 août, les Chinois avaient bombardé de Bajansussu les vapeurs *Amasar* et *Saint-Innocent*. Le

4e régiment de tirailleurs les battit et détruisit 3 block-haus. Le 15 août, Sacharof marcha sur Achehe pour refouler les troupes chinoises; il emmenait avec lui 16 compagnies, 12 sotnias et demie et 16 pièces de canon.

Sacharof marche sur Achehe. — Le *tondontoun* d'Achehe, que Sacharof avait sommé d'évacuer la ville et de laisser les travailleurs du chemin de fer reprendre tranquillement la construction de la ligne, avait répondu aux Russes en leur demandant de commencer par évacuer le territoire chinois.

A mi-chemin d'Achehe, le général Gerngros, qui commandait la cavalerie, arriva le 17 août devant une position très étendue occupée fortement par l'ennemi; il la fit aussitôt bombarder par son artillerie, fit mettre pied à terre à ses cosaques, pendant que quelques sotnias enveloppaient l'ennemi qui se replia sur Achehe.

Le 18 août, Sacharof attaque cette ville qui est prise vers midi par le 4e régiment de tirailleurs et 2 compagnies des troupes de protection.

Les Chinois s'enfuient dans la direction de Kirin, poursuivis par les cavaliers du colonel Denissof qui font un grand nombre de prisonniers; sept canons, des drapeaux, des fanions, une grande quantité de munitions et de vivres restèrent aux mains des Russes.

Le général Sacharof laissa le 4e régiment, une sotnia et 6 pièces à Achehe pour protéger la ligne et garder le contact avec le détachement Tchitchakof, et regagna Karbin avec le reste de ses troupes. Des retranchements furent aussitôt entrepris à Kharbin en même temps qu'on installait des gîtes d'étape à Bajantu et Lachaussa pour assurer la libre circulation sur le Soungari, et qu'on organisait des croisières de vapeurs armés sur cette rivière.

Les bateaux à vapeur de l'Amour ont rendu d'immenses services aux troupes russes pendant toute la durée des opérations, non seulement comme transports, mais aussi comme canonnières qui maintes fois, comme nous l'avons du reste déjà vu, prirent part à des engagements sur les rives de l'Amour ou du Soungari.

Le 1er septembre on envoya, de Kharbin sur Tsitsikar, un détachement suivi de près par un train portant des vivres et des matériaux de construction. La ligne ferrée était peu endommagée et le télégraphe indemne.

Le 2 septembre, la cavalerie de sûreté qui précédait le détachement le long de la ligne reçut des coups de canon d'un blockhaus qu'elle incendia. Le détachement arriva à Tsitsikar le 5 et se mit en communication avec le général Orlof, puis fut rappelé sur Kharbin, que Sacharof quittait pour aller prendre Chalantchen le 12 septembre. La garnison chinoise, forte de 5.000 hommes, s'enfuit vers le Nord à l'approche des Russes qui trouvèrent à Chalantchen 6 pièces de canon et quelques provisions.

Pour s'emparer de Chalantchen, Sacharof avait divisé ses forces en deux groupes : le premier, comptant 2 bataillons, 1 sotnia et 6 pièces, prit le chemin de terre direct, tandis que le 2e groupe, fort de 4 bataillons et demi, 2 sotnias et 12 pièces, s'embarquait sur le Soungari, atterrissait au confluent de cette rivière avec le Chulan et marchait sur Chalantchen en suivant la rive de ce cours d'eau.

Par la prise de Chalantchen les derniers partis de Chinois étaient chassés du voisinage de Kharbin; la navigation reprenait sans inquiétude sur le Soungari et les ouvriers du chemin de fer pouvaient revenir à leurs travaux à l'Est comme à l'Ouest.

Le 27 septembre, le colonel Rutkowski occupait Lalintchen avec le 4e tirailleurs, 1 sotnia et 6 pièces.

A Lalintchen, qui est situé à moitié chemin entre

Achehe et Minguta, Rutkowski se mit en relation avec le détachement du général Aigustof.

Journal de marche du détachement Aigustof jusqu'à la prise d'Omosso. — Aigustof commandait la 4e brigade de tirailleurs de la Sibérie orientale dont faisait partie le 14e régiment envoyé à Aigun à la fin de juillet puis rappelé dans le territoire de l'Oussouri, après la prise d'Aigun, le 4 août.

Pour chasser les troupes chinoises de la forteresse de Huntchun et de Saveloka, d'où elles menaçaient la frontière méridionale de l'Oussouri, Aigustof part le 29 juillet de Novo-Kievskoié avec les 5e, 15e et 16e régiments de tirailleurs, les 6e et 8e batteries de la 1re brigade d'artillerie de Sibérie orientale, une batterie d'artillerie de forteresse constituée à Novo-Kievskoié, une sotnia des cosaques de Tchita et la 2e sotnia des cosaques d'Oussouri.

Après une longue marche de nuit, Aigustof attaque Huntchun à 5 heures du matin.

Les Chinois tiennent bon et ce n'est que le soir que les Russes purent être maîtres de la forteresse; la garnison de Savéloka était venue s'enfermer à Huntchun depuis le 27 juillet. Un grand nombre de canons et d'armes de toutes sortes furent pris à Huntchun, ainsi que des lettres prouvant que les Chinois avaient résolu d'envahir le territoire d'Oussouri et n'avaient attendu pour agir que le départ du 5e régiment de tirailleurs pour le Petchili où venaient d'être envoyés les 6e et 7e régiments.

Jusqu'au 28 août, nous n'entendons plus parler d'Aigustof; il se met en marche ce jour-là avec les 13e et 14e régiments de tirailleurs pour aller prendre Ninguta.

On lui avait adjoint la brigade de cavalerie d'Oussouri, 4 escadrons des dragons de Primorsk, une sotnia des cosaques de Tchita, la 12e sotnia des troupes de protection, sous les ordres du général de brigade Krysanowski.

On ne fait nulle part mention du nombre de pièces d'artillerie qui entraient dans la composition du détachement.

Le point de départ du détachement semble avoir été la station de Mutanchan à Echo; il rencontre l'ennemi dont les forces s'élevaient à 1.000 fantassins, un régiment de cavalerie et cinq pièces, et qui s'enfuit de l'autre côté du Mutan, poursuivi par la cavalerie de Krysanowski qui prit 3 canons et occupa le point de passage du Mutan; Aigustof fit passer la rivière à son détachement au moyen de deux bacs, entra le 29 août à Ninguta après un petit engagement avec l'arrière-garde ennemie, s'empara de 10 canons, lança à la poursuite des Chinois la cavalerie de Krysanowski accompagnée de quelques pièces de montagne dont on avait monté les servants.

Le 7 septembre, Krysanowski prend Omosso, y trouve 4 canons, y est rejoint le 8 par le 14e tirailleurs qui était parti de Ninguta le 30 août, et quelques jours après Aigustof arrivait lui-même à Omosso avec le reste du détachement.

Opérations de police du général Tchitchakof. — Avant de continuer à suivre ce détachement, il est nécessaire de revenir au détachement Tchitchakof qui, parti de Nicolsk-Oussouriski, avait atteint le Mutan près de la station de Mutanchan, où il était resté, tandis que Denissof était envoyé sur Kharbin.

La mission du détachement consista simplement en protection de la voie ferrée et la plupart des troupes furent cantonnées à Mutanchan.

Le 2 août, 2 escadrons de dragons sont envoyés en reconnaissance sur la route de Ninguta; ils rencontrent à Echo 1.000 fantassins ennemis, 250 cavaliers et 2 pièces.

Pour soutenir les dragons on envoie un autre escadron, 2 compagnies et 2 canons. L'infanterie attaque de front la position ennemie; les dragons se massent à sa gauche; en voyant ce dispositif, les Chinois prennent l'offensive contre les dragons, qui les chargent aussitôt, soutenus par une compagnie d'infanterie; les troupes chinoises se replient sur Ninguta.

Les projectiles chinois trouvés sur le terrain du combat prouvèrent qu'ils provenaient de pièces d'artillerie des plus récents modèles.

Les dragons avaient eu un officier et 10 hommes blessés.

Les bandes de Kounkouses. — Les troupes chinoises qui avaient combattu à Echo sont vraisemblablement les mêmes que celles qui voulurent couper au détachement Aigustof la route de Ninguta, le 29 août.

Il est surprenant que les Russes n'aient pas occupé d'une façon permanente le point d'Echo qui fut le théâtre de combats entre eux et les Chinois, les 18 et 19 juillet et les 2 et 28 août. On pourrait peut-être expliquer cette faute par la faiblesse numérique de l'infanterie qui restait à Tchitchakof après qu'il eut envoyé le 4e régiment de tirailleurs sur Kharbin; cette infanterie fut tout entière employée à la garde du chemin de fer, où elle était fort utile, car cette partie de la Mandchourie était infestée par des bandes de brigands et de pillards, composées des vagabonds du pays auxquels s'étaient joints les réguliers chinois déserteurs et maraudeurs; les Russes dans leur rapport donnent à ces bandits le nom de Kounkouses. Pour les chasser, il fallut faire plusieurs expéditions; le 22 septembre, un engagement eut lieu à Tungintchin; le 24, un autre à Santchakou, entre la 1re sotnia de Mertchinsk, la 1re sotnia de l'Argun et ces

pirates. Ces deux sotnias détachées de leurs régiments
que nous avons vus sous les ordres du général Rennenkampf étaient affectées à la garde de la ligne et furent
spécialement chargées de rétablir l'ordre dans toute
cette partie de la Mandchourie.

*Opérations du général Kaulbars contre les Kounkou-
ses.* — Après que le général baron de Kaulbars, chef
du 2e corps d'armée sibérien, eut pris la direction supé-
rieure des opérations militaires en Mandchourie, il par-
tagea le pays en districts dont chacun des chefs reçut la
mission de former des colonnes volantes pour chasser les
bandes de Kounkouses qui étaient une plaie pour les
habitants et un embarras continuel pour les troupes
russes. Ces brigands profitaient de toute occasion pour
piller les voyageurs ou les villages et pour assaillir les
troupes russes. La guerre de guérillas qui s'ensuivit
donna lieu à des petits combats, peut-être sans importance en eux-mêmes, mais qui causaient toujours des
pertes aux Russes et ne les laissaient jamais en repos.

Le repaire général des Kounkouses était situé dans
le pays montagneux et sauvage du haut Soungari, sur
le versant nord de la chaîne des Tchanbochan. Là, régnait un certain Haidengu qui jouissait de la réputation d'ennemi des étrangers, de protecteur des brigands
et des criminels, et que connaissaient fort bien les autorités russes et chinoises de la frontière. Son influence
et sa puissance étaient telles qu'un de ses parents vivait
à Kirin, auprès du gouverneur dont il était un repré-
sentant diplomatique. Quand le général Kaulbars arriva à Kirin, qui venait de tomber aux mains des Russes,
il résolut aussitôt d'amener Haidengu à réduction. Dans
la nuit du 2 au 3 octobre, il s'empare d'un des fils qu'il
garde comme otage et somme Haidengu de se rendre.
Ce ne fut que le 24 novembre cependant que celui-ci con-

sentit à se soumettre au baron Kaulbars, en promettant
de livrer toutes ses armes dans les huit jours.

Sa soumission était le résultat d'une expédition qu'a-
vait entreprise le général Fock du 1er au 8 novembre,
dans le voisinage des sources du Soungari, et au cours
de laquelle avait été brisée la dernière force de résistance des Chinois, qui se rendaient ainsi à merci après
avoir perdu tous leurs canons, toutes leurs munitions
et tous leurs approvisionnements. Haidengu fut auto-
risé à habiter Kirin.

Après cette digression sur les Kounkouses, nous allons
revenir au détachement Aigustof que nous avons laissé
à Omosso.

Suite des opérations du détachement Aigustof. —
Omosso, comme Ninguta, est situé sur le Mutan; dans
le voisinage sont d'importantes mines de houille. Aucun rapport ne nous renseigne sur la date du départ
d'Aigustof pour Kirin ; nous savons seulement que, pour
faire parvenir au gouverneur de Kirin un pli du prince
Tching, le général Aigustof envoya comme parlementaire le cornette Vassilief, des dragons de Primorsk,
qui entra à Kirin le 22 septembre.

C'était le premier Russe qu'eussent jamais vu les
Chinois à Kirin. Le lendemain Rennenkampf arrivait
par le Soungari avec deux sotnias à Kirin, et par des
patrouilles habilement conduites se mettait en liaison avec la cavalerie du général Krysanowski qui entrait à Kirin le 26 septembre; quelques jours après
arrivaient également l'infanterie d'Aigustof et le détachement du colonel Orlof laissé à Huntchun.

Au-devant de ce détachement était partie d'Omosso
la 1re sotnia des cosaques de l'Argun qui tomba dans les
montagnes de Kharbalin sur une force de 2.500 Chinois
à qui elle enleva 6 drapeaux et 6 canons.

Les 14e et 16e tirailleurs furent désignés pour tenir

garnison à Kirin. Des deux autres régiments de la brigade Aigustof, le 13e fut laissé à Ninguta, et nous retrouverons le 15e dans le sud de la Mandchourie.

Marche du détachement Rennenkampf de Tsitsikar à Kirin. — Comme nous l'avons dit, le général Rennenkampf était entré à Kirin le 23 septembre, à la tête d'un détachement de cavalerie; il avait quitté Tsitsikar le 6, ayant sous ses ordres 3 sotnias de l'Amour et 3 sotnias de Nertchinsk, 4 sotnias de Vertchnendinsk, la 2e batterie des cosaques de Transbaïkalie, en tout 1.028 cavaliers et 6 canons. Le 11 septembre, l'avant-garde occupait Bodune, où le gros arrivait le 19.

Il est probable que ce gros, comprenant le détachement Parlof, fort de 3 sotnias, entra à Bodune le 11, le même jour que l'avant-garde de Rennenkampf.

Il est donc probable que le détachement Parlof et l'avant-garde de Rennenkampf sont identiques.

Le 12 septembre, l'artillerie et la cavalerie traversent le Soungari en jonques; le corps principal est transporté le 13, disent les rapports. (Il est à supposer que ce corps principal comprend l'infanterie du détachement Orlof.)

Le passage du Soungari par l'infanterie doit avoir duré quelques jours, ce qui expliquerait l'arrivée tardive du gros à Bodune (19 septembre).

Du reste, si l'on veut bien réfléchir qu'en face de Bodune le Soungari à 1.500 mètres de largeur et que les Russes n'avaient qu'un petit nombre de bateaux à leur disposition, que le détachement ne comptait ni sapeurs ni pontonniers, on ne s'étonnera pas de ce retard.

Le détachement Orlof termine à Bodune ses opérations actives; il est rappelé plus tard le long de la ligne Karbin-Moukden, et en octobre 1901 il était bivouaqué et cantonné près du pont du Soungari n° 2, où est actuellement la station de Talaitchou. Les Chinois faits prisonniers à Bodune, comme d'ailleurs presque tous ceux que prirent les Russes, furent dirigés sur Kharbin où on les employa aux travaux de construction de la ligne.

Après l'arrivée d'Orlof à Bodune, le 19, Rennenkampf partit avec 4 sotnias et demie et 6 pièces sur Kouant-chentsu.

Comme le fondontoun de Bodune lui avait annoncé que Kirin était occupé par les Russes, Rennenkampf voulut, pour avoir des renseignements précis, faire des prisonniers aux troupes chinoises qui devaient se replier sur Moukden. Mais en arrivant à Kouantchentsu, le 21 septembre, il apprit que la garnison de cette localité, forte de 1.000 hommes, avait été appelée pour défendre Kirin; le fondontoun de Bodune l'avait donc trompé.

Désireux d'être au courant de ce qui se passait à Kirin, il part dans la direction de cette ville avec 2 sotnias, laissant le reste de son détachement à Kouantchentsu En 25 heures il parcourt 133 kilomètres, arrive le 23 septembre à 7 heures du matin devant Kirin, après avoir livré 2 combats et passé une chaîne de montagnes.

Le premier engagement avait eu lieu près du village de Tachnido; 28 Chinois furent tués, 42 fusils Mauser pris; Rennenkampf faillit être tué d'un coup de lance que lui porta un Chinois : il ne fut sauvé que grâce au dévouement d'un cosaque qui se jeta devant son général et reçut le coup dans l'épaule; pour cet acte de dévouement, ce cosaque obtint la croix de Saint-Georges de 3e classe.

A dix kilomètres avant d'arriver à Kirin, le détachement tomba à l'improviste sur un bataillon chinois, fort de 500 hommes; Rennenkampf somme les Chinois de déposer leurs armes, et comme ils ne le font pas aussitôt, les cosaques tirent leurs sabres et les chargent; l'ennemi se rend presque sans résistance.

Devant Kirin arrive un parlementaire envoyé par le

gouverneur au-devant de Rennenkampf pour lui demander de ne pas pénétrer dans la ville.

Le général russe fait répondre qu'il entrera sans condition, donne l'ordre de partir au trot et conduit ses cosaques tout droit à la résidence du gouverneur, où il trouve 250 cavaliers qu'il entoure et désarme, puis jette leurs carabines Winchester dans le Soungari. Il s'empare de 21 canons Krupp de campagne, d'un canon de siège, d'une canonnière de rivière, de 2 pièces à tir rapide et de 44 mortiers.

Il fait jeter près d'un million de cartouches et 5.000 fusils dans le Soungari.

Rennenkampf avait accompli ce tour de force incroyable de s'emparer d'une ville fortifiée de 120.000 habitants avec une troupe de 200 cavaliers, car si ce succès fut beaucoup facilité par la lettre du prince Tching, parvenue la veille au gouverneur, il n'en est pas moins vrai que cet exploit est un acte d'héroïsme remarquable de Rennenkampf qui ne savait absolument rien du pli du prince. Pour la prise de Tsitsikar et celle de Kirin, il fut décoré de l'ordre de Saint-Georges de 3° classe avec la citation suivante :

A montré une bravoure et une entente remarquables en poursuivant l'ennemi, en surprenant Tsitsikar, en s'emparant de Kirin et en enlevant à l'ennemi 122 pièces de canon au cours de ces opérations.

Le 26 septembre, le général Krysanowski entrait à Kirin avec 4 escadrons de dragons, une sotnia des cosaques de Tchita, la 3° batterie des cosaques de Transbaïkalie et un groupe de batteries de montagne dont les servants étaient montés.

Après son arrivée, Rennenkampf quitta Kirin pour se rendre à Dagouchan, où son détachement se trouva rassemblé tout entier le 28 septembre.

Depuis Bodune, Rennenkampf n'avait perdu que 2 tués, 2 blessés et 3 disparus.

La prise de Kirin mettait fin aux opérations militaires de cette partie de la Mandchourie, où n'eurent plus lieu, comme nous l'avons déjà vu, que de petits engagements avec les bandes de Kounkouses. Lorsque le général baron Kaulbars fit son entrée à Kirin pour y établir son quartier général, le gouverneur chinois lui fit des fêtes magnifiques, le convia à un grand dîner donné en son honneur et porta un toast à l'empereur de Russie.

Le *Rousski Invalid* nous apprend qu'après l'occupation de Kirin les troupes russes laissées dans la province s'élevaient à 18 bataillons, 29 escadrons ou sotnias et 78 pièces de canon auxquels il faut ajouter 2 compagnies et 12 sotnias à cheval des troupes de protection.

La province de Tsitsikar fut occupée par les 8 bataillons des régiments de Stretensk et de Tchita, et les 20° et 21° régiments de tirailleurs de la Sibérie orientale.

Troisième théâtre d'opérations. — Province de Moukden.

La province de Feng-Tieng (Shöngking ou Moukden) fut le foyer de l'insurrection chinoise en Mandchourie. C'est de Moukden que fut donné le signal d'extermination des Russes et de destruction de la voie ferrée ; le mouvement commença subitement le 8 juillet.

Les employés de la ligne, les ingénieurs, les travailleurs et les troupes de protection se trouvaient là dans la plus difficile des positions et ne purent échapper au danger qu'au prix de grandes fatigues et de lourds sacrifices. Tous les Russes qui se trouvaient au nord de

Moukden se replièrent sur Kharbin; ceux qui étaient à Moukden ou bien au sud de la ville gagnèrent le territoire du Kouang-Toung; d'autres, dispersés en tous sens, purent atteindre la frontière de Corée.

Les hostilités éclatent à Moukden. Les Russes se replient sur Tachitchiao.

Le 7 juillet, les Chinois attaquèrent les employés et les troupes de protection qui se trouvaient alors à Moukden; les Russes durent se replier, combattant sans trêve ni repos, et atteignirent, le 14 juillet, la station de Tachitchiao, où avait été envoyé de Port-Arthur un détachement du 11e régiment de tirailleurs de Sibérie orientale sous les ordres du colonel Dambrovski.

Au cours de cette marche en retraite de Moukden à Tachitchiao, les Russes avaient perdu 48 hommes tués, blessés ou disparus. En outre, 65 hommes des troupes de protection, coupés du gros de la colonne, avaient pu gagner la frontière de Corée, perdant le lieutenant Valewski et 10 hommes tués. Cette petite troupe fit des prodiges de valeur : après la mort du lieutenant, le sergent Filipenko rassembla les soldats, prit le commandement, tint tête aux attaques des Chinois et atteignit ainsi le territoire coréen.

A Tachitchiao arrivèrent, deux jours après, deux compagnies et deux sotnias des Cosaques de protection de la ligne, sous les ordres du colonel Michtchenko.

Au sud de Tachitchiao sont les deux forteresses chinoises de Senjutchen et de Haïtchou ; cette dernière ayant ouvert le feu sur une fraction de troupes russes qui passait dans le voisinage, on résolut de s'en emparer en organisant un fort détachement, comprenant : le 1er tirailleurs, la 2e batterie de la 1re brigade et une demi-sotnia de Vertchnendinsk. Senjutchen fut attaquée le

27 juillet. Haïtchou fut prise le 1ᵉʳ août avec l'aide d'un détachement arrivé dans la nuit du 31 juillet au 1ᵉʳ août de Yenkoo sous les ordres du général Fleischer, qui avait donné l'ordre à Dambrovski de partir de Tachitchiao pour couper la retraite aux Chinois.

Les Russes avaient eu cinq hommes blessés à Senjutchen et onze à Haïtchou, où ils prirent douze canons.

Le 4 août, ils occupaient Nioutchouang, avec la coopération des deux canonnières *Otwachny* et *Gremjachtchi.*

Le 10 août, le général Fleischer se met en marche de Tachitchiao pour se rendre maître de Haïtchen, où les rapports de ses éclaireurs lui signalent la présence de 5.000 Chinois. Il avait sous ses ordres : le 11ᵉ régiment de tirailleurs, des fractions des 1ᵉʳ et 3ᵉ régiments, les deux compagnies et les deux sotnias du colonel Michtchenko, la 1ʳᵉ batterie des Cosaques de Transbaïkalie et quatre pièces de la batterie de mortiers ; ces troupes étaient disposées en trois colonnes, qui rejetèrent les Chinois d'une position qu'ils occupaient à 8 kilomètres au nord de Tachitchiao, et le 12 août s'emparèrent de Haïtchen et des hauteurs fortifiées qui l'entourent; six canons tombèrent entre leurs mains.

Les opérations militaires se trouvaient ainsi provisoirement terminées dans le Sud de la Mandchourie ; pour prendre Moukden, il fallait attendre les renforts envoyés d'Europe.

Avant le début des événements chinois, les troupes russes qui occupaient le territoire du Kouang-Toung et envahirent alors la Mandchourie méridionale comprenaient : la 3ᵉ brigade de tirailleurs de Sibérie Orientale (9ᵉ, 10ᵉ, 11ᵉ et 12ᵉ régiments), la division d'artillerie des tirailleurs à trois batteries, le 1ᵉʳ régiment des Cosaques de Vertchnendinsk à six sotnias et une compagnie de sapeurs. Les 9ᵉ, 10ᵉ et 12ᵉ régiments de tirailleurs, les 2ᵉ et 3ᵉ batteries et trois sotnias furent envoyés dans le Petchili. On les remplaça par des troupes tirées du territoire de la côte, comprenant les 1ᵉʳ, 3ᵉ, 8ᵉ et 15ᵉ régiments de tirailleurs, trois sotnias de Tchita, une sotnia de Nertchinsk, la 2ᵉ batterie à pied et la 1ʳᵉ batterie de mortiers de la 1ʳᵉ brigade d'artillerie et enfin la 1ʳᵉ batterie des Cosaques de Transbaïkalie.

Le 8ᵉ tirailleurs fut laissé comme garnison à Port-Arthur.

Il ne fallait donc pas songer avec le reste, c'est-à-dire 7 bataillons et demi, 9 sotnias et 28 canons, à aller attaquer Moukden, où il était à prévoir que les Chinois feraient une vive résistance.

Les premiers renforts, arrivés d'Europe par bateau, furent débarqués à Port-Arthur et désignés, le 6 septembre, pour faire partie du détachement qui devait attaquer Moukden; ils comprenaient les 13ᵉ et 14ᵉ régiments de tirailleurs et une batterie et demie de la 4ᵉ division d'artillerie expédiés en juillet d'Odessa. Le commandement du détachement fut confié au général Subbotich, qui concentra ses troupes sur la ligne Ynkoo-Haïtchen et les fractionna en trois colonnes.

a) La colonne de droite était formée des deux compagnies et des deux sotnias du colonel Michentchko et de quatre pièces de la 1ʳᵉ batterie des Cosaques de la Transbaïkalie.

b) La colonne du centre, sous les ordres du colonel d'état-major Artamonof, était constituée par les 13ᵉ et 14ᵉ tirailleurs, le 1ᵉʳ bataillon du 15ᵉ tirailleurs et 26 pièces.

c) Les troupes du général Fleischer composaient la colonne de gauche : les 1ᵉʳ, 3ᵉ et 11ᵉ tirailleurs, deux sotnias de Cosaques et dix pièces.

Le 24 septembre, cette colonne occupait Vieux-Nioutchouang, où lui avait résisté le général chinois

Chou avec 6.000 hommes; le combat avait été pénible, à cause des champs de kaolian au milieu desquels se trouvaient les Russes et d'où ils ne voyaient rien, à cause surtout de la forte chaleur et du manque de positions d'artillerie. Les Russes eurent un tué, deux officiers et dix-huit hommes blessés; ils prirent un canon Krupp et un drapeau.

Le même jour, le colonel Artamonof partit avec les deux sotnias des troupes de protection pour reconnaître la position qu'occupaient les Chinois au sud d'Anchant-chan. Il put se convaincre que l'ennemi avait là près de 14.000 hommes et 30 pièces de canon ; son front, s'étendant sur 7 kilomètres et demi, était renforcé par des emplacements de batteries et des tranchées étagées pour les feux de mousqueterie, l'aile droite s'appuyant à une colline fortifiée, la gauche à une pagode mise en état de défense.

Le 26 septembre, Subbotich marche à l'attaque de cette position : contre la droite il lance la brigade Fleischer, en face du centre la colonne Artmonof, et contre l'aile gauche ennemie marche la colonne Michtchenko.

La brigade Fleischer, qui avait devant elle les détachements ennemis battant en retraite de Vieux-Nioutchouang, ne cesse de combattre, tandis que Michtchenko arrive jusque sur la position sans ouvrir le feu. Les Russes progressant ainsi sur les flancs, les Chinois portent toutes leurs forces sur les ailes, de sorte que, lorsque la colonne Artamonof arriva sur le centre de la position, elle le trouva presque abandonné par l'ennemi. L'effort principal des Chinois se porta contre la brigade Fleischer, qui, après un combat acharné, força l'ennemi à se replier; le 11e régiment de tirailleurs, soutenu par quatre pièces et une demi-sotnia, emporta d'assaut la crête occupée par l'ennemi et le rejeta de sa position.

A l'aile gauche, les Chinois concentrèrent leur feu sur la colonne Michtchenko et l'inondèrent de balles, au point de l'empêcher de progresser jusqu'au moment où, voyant leur aile droite et leur centre enfoncés, ils furent obligés de reculer pour ne pas être tournés. Le soir, les Russes occupaient Anchantchan.

Le 27, on reprit la marche sur Liao-Yang, où l'ennemi s'était replié; en tête marchait Michtchenko, suivi par Artamonof. La brigade Fleischer, qui venait de se battre trois jours consécutifs et avait fait de longues marches, se reposa un peu.

Les sotnias de Michtchenko prirent contact avec les Chinois vers 9 heures du matin près du village de Chahe; l'ennemi avait détruit tout près de là la gare du chemin de fer et occupait le remblai de la voie, ainsi que les hauteurs qui sont à l'est. Ses forces s'élevaient à 30 bataillons et 20 pièces de campagne. Aussitôt que la cavalerie russe fut aperçue, elle eut à subir le feu des Chinois, qui prirent l'offensive immédiatement; elle tint bon cependant, et donna le temps au détachement Artamonof d'entrer en action; à 10 h. 1/2, la tête de ce détachement arrivait sur le lieu de l'action et Artamonof se déployait à la droite de Michtchenko; les Chinois affluèrent en grandes masses, descendant des hauteurs qu'ils occupaient, et prononcèrent un vigoureux mouvement offensif contre l'aile droite des Russes.

La cavalerie chinoise chercha de son côté à tourner la ligne russe par la gauche, et, quoique repoussée par les Cosaques de Michtchenko, elle revint trois fois de suite à l'attaque. Une action générale se déroula sur toute la ligne et les Russes ne durent leur succès définitif qu'à leur artillerie, qui prépara longuement l'attaque exécutée simultanément par les deux colonnes; à 4 heures du soir, la position ennemie était au pouvoir des Russes.

La brigade Fleischer, appelée par Subbotich dès le début du combat, arriva à Chahe à la nuit tombante.

Le 28 septembre, on reprit la marche en avant; l'ennemi avait occupé la ligne de crêtes au sud de la station de Liao-Yang, qui formait une position défensive excellente. Le général Subbotich lança la brigade Fleischer contre l'aile droite ennemie avec la mission d'envelopper celle-ci; Artamonof se porta sur le centre et Michtchenko sur la gauche. Comme à Achantchan, ce furent les colonnes des ailes qui commencèrent l'action, et cette fois Michtchenko porta les premiers coups. Fleischer ne semble nullement avoir prononcé une attaque contre la position ennemie; son but, au contraire, paraît avoir été de manœuvrer habilement pour tourner complètement les Chinois et les forcer ainsi à abandonner leur position.

Aussitôt que son opération eut commencé à donner des résultats, c'est-à-dire aussitôt que la canonnade commença à diminuer d'intensité à la droite et au centre ennemis, Artamonof prononça son attaque; l'adversaire résista quelque temps, mais mollement, et, à midi, il était en pleine retraite.

Une grande quantité d'armes et de munitions furent prises dans la position ennemie, ainsi que trois canons, deux mitrailleuses et un Maxim; à 2 h. 1/2 du soir, la brigade Fleischer occupait la station de Liao-Yang.

Dans les combats des 26, 27 et 28 septembre, les Russes avaient perdu 10 hommes tués, 3 officiers et 64 hommes blessés; ces pertes étaient relativement peu élevées, grâce au manque d'exercice de tir des Chinois, au terrain excessivement mou dans lequel beaucoup d'obus s'enfonçaient sans éclater, et surtout à la façon habile avec laquelle avaient été conçues et exécutées les attaques des Russes.

Les positions ennemies semblent, avant chaque combat, avoir été reconnues d'une façon précise et minutieuse par la cavalerie russe.

Le 29 septembre fut un jour de repos pour les troupes. Le 30, les Russes reprennent la marche sur Moukden; les défaites qu'ils venaient d'infliger aux Chinois semblent avoir complètement démoralisé ceux-ci; ils s'enfuyaient en désordre devant les troupes russes, pillaient et brûlaient tous les villages qu'ils traversaient.

Subbotich arrivait le 30 au soir à Jantai, le 1er octobre à Baitapu, à 12 kilomètres au sud de Moukden. Une députation de marchands et de chrétiens vint apporter dans ce village une supplique au général russe pour le prier d'entrer au plus vite dans Moukden, où régnait l'anarchie la plus complète. Les autorités s'étaient enfuies de la ville, et les soldats chinois pillaient et dévastaient tout.

A cette nouvelle, le colonel Artamonof part avec le détachement Michtchenko, auquel on ajoute une sotnia, une batterie, un commando d'éclaireurs, et fait son entrée à Moukden à 4 heures du soir; il occupe aussitôt le palais impérial et la porte de la ville intérieure; Subbotich lui envoie aussitôt six compagnies de renforts, qui passent à gué le large et rapide Chunho et arrivent pendant la nuit à Moukden.

Le 2 octobre, à 9 heures du matin, Subbotich entre dans Moukden, à la tête de l'avant-garde, traverse toute la ville et s'établit au bivouac dans le voisinage de la porte Nord.

Le gros arriva vers midi et bivouaqua sur la rive septentrionale du Chunho, à 5 kilomètres de Moukden.

La ville offrait un triste tableau : pillage, maisons brûlées, chrétiens massacrés; le palais impérial préparé pour être incendié. Les Russes purent sauver le trône impérial de la dynastie mandchoue et une très riche bibliothèque. Au prix de grandes fatigues et avec l'aide des habitants, les incendies furent éteints et la ville débarrassée des bandes de soldats. Subbotich désigna le 11e tirailleurs pour tenir garnison à Moukden; le colonel Dambrowski fut nommé commandant d'armes.

Le 3 octobre, on envoya des patrouilles dans les faubourgs et les environs de la ville pour chasser et exterminer les soldats isolés qui se cachaient dans des maisons; deux escadrons de dragons furent chargés d'occuper les tombeaux impériaux situés au nord-ouest de Moukden. L'administration de la ville fut définitivement organisée; Moukden fut partagée en quatre arrondissements, à la tête de chacun desquels était un chef de police assisté de cinq agents. En outre furent affichées des proclamations invitant les habitants au calme et au travail paisible.

Les Russes prirent à Moukden 50 canons, la plupart Krupp et Maxim, 8.000 obus, 7.000 fusils de petit calibre Mauser, 20.000.000 de cartouches et une énorme quantité de poudre. Les habitants, mis en confiance par l'arrivée des Russes, reprirent leurs occupations habituelles.

Le 5 octobre, Michtchenko fut envoyé sur Tielin avec son détachement, auquel on avait adjoint quatre pièces de canon; le 6 octobre, à 7 heures du soir, il était en liaison avec la sotnia d'avant-garde de la colonne Rennenkampf. Les troupes russes étaient dès lors en liaison ininterrompue d'un bout à l'autre de la Mandchourie, qu'ils tenaient désormais tout entière en leur pouvoir.

Dans l'espace de trois mois, les Russes avaient complètement battu une armée ennemie de 100.000 hommes et occupé un territoire deux fois grand comme la France.

Le soulèvement chinois était terrassé dans ses grandes lignes; il s'agissait de rétablir maintenant l'état de paix; les troupes russes, jugées désormais inutiles dans le Petchili, furent rappelées dans la Mandchourie méridionale, où les 1re et 3e brigades de tirailleurs de Sibérie orientale étaient au complet au commencement de décembre.

D'après les communications les plus récentes du gouvernement russe, il y a eu jusqu'à 220.000 hommes de troupes russes réunis en Extrême-Orient; le *Rousski Invalid* nous donne les chiffres suivants :

Jusqu'en octobre 1900, les chemins de fer sibériens ont transporté en Transbaikalie 54.410 hommes, 11.407 chevaux; les bateaux ont amené d'Europe à Vladivostock 10.107 hommes, à Port-Arthur 9.710 hommes; des territoires de l'Amour et du Kouang-Toung ont été envoyés, par chemins de fer ou par bateaux, 74.225 hommes; de Stretensk sont partis par la Chilka et l'Amour 46.209 hommes et 9.149 chevaux. En octobre sont partis d'Europe pour l'Extrême-Orient 5.400 hommes et 2.900 chevaux.

Cela donne un chiffre rond de 200.000 hommes.

Les autres 20.000 hommes nous sont donnés par les troupes de protection de la ligne et d'autres détachements qui étaient déjà sur le théâtre des hostilités au moment où les opérations commencèrent.

L'OCCUPATION RUSSE

La question de Mandchourie.

Le 7 septembre 1901, le Fils du Ciel donnait pleins pouvoirs à Li-Hung-Tchang et au prince Tching pour signer avec les représentants des onze puissances le protocole final de paix dont les négociations avaient duré de si longs mois. Les douze articles de ce protocole renfermaient le détail des expiations à subir par les chefs

du mouvement boxeur, des réparations à faire par la
Chine aux gouvernements outragés et stipulaient le
retrait de Pékin des troupes alliées qui ne devaient
occuper que certaines garnisons du Petchili. Cependant,
l'armée russe continua, sous prétexte de protéger la
construction de ses chemins de fer, à tenir garnison tout
le long des voies ferrées de l'Est chinois et de la ligne
Shanhaï-Kouan—Nioutchouang.

Ce dernier tronçon a donné lieu à de graves compli-
cations entre les gouvernements russe et anglais; il a
été le point attractif de tous les regards, et l'historique
de sa construction et de son exploitation est nécessaire
pour l'étude de la question de Mandchourie.

Historique de la construction de la ligne de Shanhaï-
Kouan à Nioutchouang.

La guerre sino-japonaise ouvrait toutes grandes les
portes de la Chine aux convoitises des nations étrangères : l'Angleterre, l'Amérique, l'Allemagne et l'Italie,
suivant l'exemple de la Russie, se faisaient concéder
par le Tsoung-li-Yamen des sphères d'exploitation de
chemins de fer; un syndicat franco-belge, soutenu par
le gouvernement du tsar, se formait pour la construction
de la ligne Pékin-Hankéou.

La diplomatie britannique, quelque peu inquiète des
progrès vraiment remarquables de l'influence russe en
Mandchourie, songeait à relier Tientsin et Pékin au
port de Nioutchouang, où beaucoup de maisons de commerce anglaises et américaines avaient de gros intérêts.

Au printemps de 1898, les tronçons de chemin de fer
du centre de la Chine étaient tracés; la ligne de Tientsin
à Shanhaï-Kouan était déjà en exploitation; elle s'arrê-
tait brusquement à la grande muraille, laissant ainsi
depuis ce point jusqu'au chemin de fer de Kharbin à

Port-Arthur une solution de continuité entre le cœur de la Chine et l'Europe. Les Anglais comprenaient que celui qui serait le maître d'une voie ferrée reliant le réseau chinois au réseau russe tiendrait ainsi les clefs d'une sorte de « canal de Suez » entre l'Europe et l'Asie; leurs aspirations à la concession d'un chemin de fer partant de Shanhaï-Kouan et longeant le bord de la mer pour aboutir à Nioutchouang s'expliquent en outre par ce fait que la ligne serait sous le feu de leurs croiseurs. Ils profitèrent du moment où le syndicat franco-belge, de commun accord avec les Russes, était en pourparlers avec le Tsoung-li-Yamen au sujet de la construction de la ligne Pékin-Hankéou, et firent ratifier par le Fils du Ciel le contrat de prolongation de la ligne Pékin - Tientsin - Shanhaï-Kouan jusqu'à Nioutchouang. Ils avaient obtenu ce succès par l'intervention de Hou-yen-fou, directeur général des chemins de fer du Nord de la Chine, qui devait sa situation au patronage du cabinet britannique.

Cette ratification, signée à Pékin le 14 juin 1898, autorisait la Hongkong-Shanhaï-Banking Corporation à émettre un emprunt de 58.000.000 de taëls pour la construction de la ligne; comme garantie, la banque obtenait les revenus de la ligne en exploitation de Tientsin à Shanhaï-Kouan et ceux de la ligne projetée.

Mais les Russes veillaient. Comme nous l'avons déjà dit, le projet du tsar était de détourner sur Port-Arthur et Dalny tout le commerce de Nioutchouang, de laisser ce dernier port absolument isolé, voué à la décadence en ne le reliant pas plus à la ligne Kharbin - Port-Arthur qu'au réseau du Nord de la Chine. M. Pawlof, chargé d'affaires de Russie à Pékin, rappelle aussitôt au Tsoung-li-Yamen que, d'après la convention Cassini, « à la Russie seule est réservée la construction de lignes ferrées entre Kirin, Nioutchouang et Shanhaï-Kouan, si la Chine ne peut le faire elle-même », et il exige que le traité conclu avec les Anglais soit aussitôt annulé, sans quoi les troupes du tsar se tiennent prêtes à entrer sur le territoire chinois.

Le gouvernement chinois fut un peu effrayé; l'Angleterre lui offrit l'appui des canons de sa flotte, mais Li-Hung-Chang, tout en remerciant chaleureusement sir Claude Mac-Donald, ministre de la Grande-Bretagne, l'assura qu'aucun danger ne menaçait la Chine, et comme M. Pawlof renouvelait ses instances le 27 juillet 1898, le fin diplomate chinois agit de telle façon que les négociations se trouvèrent engagées directement entre Londres et Saint-Pétersbourg. On crut un moment à une rupture imminente dans la première quinzaine d'août; finalement, une entente eut lieu et l'accord fut conclu dans le courant de septembre, retirant toute hypothèque à la Banque anglaise sur la future ligne et ne lui laissant que les revenus de la ligne existante pour garantir son emprunt.

Le gouvernement chinois s'engageait en outre : 1° à ne pas aliéner ni hypothéquer la future ligne au profit d'une puissance étrangère ; 2° à ne pas laisser d'employés étrangers au nord de la Grande Muraille quand la ligne serait construite.

Les travaux de construction de la ligne devaient être entrepris de Shanhaï-Kouan à Chang-Hou-So, puis de Chin-Chou-Fou à Ko-Bantzen.

Mais les difficultés ne devaient pas tarder à surgir ; au moment de l'émission de l'emprunt, les prospectus affirmaient que les produits de la ligne en deçà et au delà de Shanhaï-Kouan serviraient à l'amortissement de l'emprunt et qu'en outre l'ingénieur en chef et le contrôleur général, tous deux Anglais, resteraient en place jusqu'à la fin de l'amortissement.

M. de Giers se rendit aussitôt au Tsoung-li-Yamen

pour protester contre la violation de la convention Cassini et des promesses faites par la Chine ; le 28 avril 1899, un accord était signé à Saint-Pétersbourg entre l'ambassadeur britannique et le comte Mouravief, à la suite duquel l'Angleterre s'engageait à ne plus demander ni soutenir aucune concession de voie ferrée au nord de la Grande Muraille. Désormais cette région était considérée comme « sphère russe de concessions de chemin de fer à construire et exploiter en Chine ».

L'Angleterre construit donc une ligne sans en tirer aucun avantage politique.

Les troupes russes dans le Petchili. — Les troupes russes arrivèrent les premières dans le Petchili, où elles se couvrirent de gloire et contribuèrent pour une large part à sauver les concessions européennes de Tientsin et leurs habitants (1900).

Le 1er bataillon des chemins de fer d'Oussouri débarquait à Takou tout au début de juillet sous les ordres du colonel Keller qui entreprit aussitôt de réparer la voie ferrée, détruite sur la plus grande partie de son parcours, et de faire des ponts en bois provisoires avant de remettre en état tous les ponts métalliques que les Boxeurs avaient fait sauter. Au milieu du mois d'août, la voie ferrée, reconstruite à voie unique, était achevée de Tongkou à Petsang; à la fin d'août, les rails étaient posés jusqu'à Yangtsoun à 32 kilomètres N.-O. de Tientsin. La section de voie de Tongkou à Shanhaï-Kouan avait beaucoup moins souffert; seul le pont de Hankou sur le Pétang-Ho formait une énorme brèche de 125 mètres dont la réparation ne put être terminée que le 1er mars 1901 par les travaux de la 3e compagnie du bataillon allemand des chemins de fer.

Les Russes exploitèrent jusqu'au 22 janvier 1901 le tronçon qu'ils avaient remis en état, le cédèrent alors aux Allemands, qui le passèrent définitivement aux mains des Anglais.

Prise de possession de la ligne Shanhaï-Kouan—Nioutchouang. — Le 1er bataillon des chemins de fer d'Oussouri quitta le Petchili à la fin de janvier et fut réparti le long de la ligne Shanhaï-Kouan—Nioutchouang, dont il continua la construction, ainsi que celle de la ligne de Kobantzen à Sin-Min-Ting, abandonnée par le syndicat anglo-chinois devant les incursions des bandes chinoises.

La Russie, en mettant la main sur cette ligne, achevait ainsi l'occupation de toute la Mandchourie méridionale, à l'ouest comme à l'est du Liaou. Ses sapeurs de chemin de fer, sous la direction du lieutenant-colonel Roppe, travaillaient avec opiniâtreté à l'achèvement de la voie et à son exploitation pour laquelle vinrent de Port-Arthur plusieurs ingénieurs civils de la compagnie de l'Est chinois.

A la suite d'une convention entre les Russes et le syndicat anglais, les deux cinquièmes du matériel existant sur tout le parcours de Pékin à Nioutchouang furent donnés au 1er bataillon d'Oussouri pour assurer l'exploitation du tronçon Shanhaï-Kouan — Nioutchouang, sur lequel le trafic devint bientôt très important.

Convention russo-japonaise du 28 mai 1896 pour l'indépendance de la Corée. — Mais le Japon ne voyait pas sans une vive inquiétude les Russes occuper toute la Mandchourie.

L'immixtion du gouvernement du tsar dans les affaires coréennes paraissait devoir résulter fatalement du prolongement de l'occupation russe dans le voisinage de la frontière de Corée; malgré la convention signée le 28 mai 1896 à Saint-Pétersbourg par le prince Lobanof et le marquis Yagamata, dans laquelle les deux empires reconnaissaient l'indépendance de la Corée et s'arrogeaient le droit d'entretenir chacun 1.000 soldats à Séoul pour sauvegarder les intérêts de leurs nationaux, le gouvernement du mikado ne jouissait d'aucune tranquillité au sujet de la Corée et continuait de hâter les armements de sa marine et de son armée. La Corée, pour les Japonais, est comme une dépendance naturelle de leur pays ; au point de vue économique, les deux contrées sont étroitement liées, et depuis longtemps l'ambition du Japon était de posséder cette péninsule coréenne pour fermer aux autres nations l'accès du golfe du Petchili. Au moment où il signait le traité de Shimonosaki, le Japon se demanda s'il n'emploierait pas ses canons pour défendre contre les Russes, les Allemands et les Français les territoires que venait de lui céder la Chine ; sagement, après le premier instant d'émotion, il suivit le conseil « amical » et se contenta de Formose, mais prépara la lutte pour l'avenir.

La Corée, « le pays du calme national », a toujours été troublée par des révolutions ; se sentant devenue libre, elle s'est proposé d'organiser ses finances, son armée, ses postes, ses ressources minières; il lui a fallu pour cela le concours des Européens et de leurs capitaux. Nos nationaux y occupent la place la plus brillante pour les constructions de chemins de fer, les concessions de mines; le directeur des postes est un Français qui a complètement organisé ce service, ce qui a permis à la Corée d'entrer le 1er janvier 1900 dans l'Union postale universelle ; en 1901, elle fonde des légations permanentes à Paris, Londres et Berlin. Les Coréens voulaient se dégager de toute tutelle russe ou japonaise; cependant, les Japonais, qui avaient déjà établi des bureaux de poste, protestent contre l'immixtion française dans ce service, demandent à établir des colonies agricoles à l'intérieur du pays, des stations de télégra-

Mandchourie.   6

phie sans fil sur les côtes, et réclament la concession du télégraphe de Yen-San à Séoul. Les Russes ripostent en reliant télégraphiquement la Corée à la Sibérie à travers la Mandchourie; ils obtiennent comme station navale la baie de Chin-Kai-Ouan, à mi-chemin entre Vladivostock et Port-Arthur.

Traité anglo-japonais du 30 janvier 1902. — Le traité anglo-japonais du 30 janvier 1902 n'étonna donc guère que ceux qui ne suivaient pas de près les affaires d'Extrême-Orient; c'était le dilemme suivant posé à la Russie : reconnaître le fait accompli en Corée au profit des Japonais et l'on reconnaîtra le fait accompli en Mandchourie au profit des Russes; mais ceux-ci n'ont pas de permission à demander, ni de concessions à accorder; ils sont en Mandchourie, ils y resteront.

L'Angleterre et le Japon, ne se sentant pas capables de se tailler dans la masse chinoise un empire à leur gré sans provoquer aussitôt une vive concurrence de toutes les autres nations, s'engagent réciproquement à faire respecter l'intégrité de la Chine et à y maintenir la politique de la porte ouverte. En attendant le *casus belli* provoqué par la Russie en portant préjudice au Japon en Chine et en Corée, le Japon aura l'appui des capitaux anglais qui le sauveront de la banqueroute. C'est ainsi que l'on peut interpréter le traité anglo-japonais.

Déclaration franco-russe (20 mars 1902). — Le 20 mars dernier, les représentants diplomatiques de la France et de la Russie ont donné communication aux ministres des affaires étrangères des puissances signataires du protocole du 7 septembre 1901 d'une déclaration qui, sous sa forme toute pacifique, n'en est pas moins une réponse directe au traité anglo-japonais, une extension à l'Extrême-Orient de l'alliance franco-russe,

une prévision de l'éventualité toujours inquiétante du
casus belli.

Voilà donc désormais en présence, l'arme au pied,
deux alliances qu'une étincelle peut précipiter l'une contre l'autre; les quatre puissances, à cause de leur nouvelle attitude, sont sujettes à des froissements imprévus
jusqu'alors, et l'Angleterre, débarrassée de sa guerre du
Transvaal, peut faire surgir, pour satisfaire ses ambitions et ses intérêts, une lutte terrible qui prendrait
naissance sur les bords de la mer Jaune.

Malgré tout, les Japonais doivent perdre à tout jamais
leur rêve de conquête de la Corée, où ils se heurteraient
aux nombreuses et solides troupes du tsar; leurs vues
se tourneraient plutôt maintenant du côté de notre
Indo-Chine, qui deviendrait leur grenier à riz; mais ils
hésiteront longtemps avant de s'engager dans la voie
des conquêtes qui pourrait être pour eux celle des derniers précipices.

*Traité de Mandchourie entre la Russie et la Chine
(12 avril 1902).* — De son côté, la Russie devient chaque
jour plus forte dans l'Asie orientale; la rétrocession de
la ligne de Shanhaï-Kouan à Nioutchouang ne doit pas
être considérée comme une reculade du gouvernement
du tsar; on peut s'en convaincre en examinant bien
attentivement sa politique et ses agissements depuis
l'origine de l'occupation de la Mandchourie par ses
troupes.

La situation des Russes en Mandchourie était irrégulière si l'on veut s'en rapporter au protocole du 7 septembre 1901; c'était sur cette irrégularité que s'appuyaient l'Angleterre et le Japon pour réclamer l'évacuation de la province; les Russes, qui, comme leurs
amis les Chinois, sont de bons diplomates et de fins
temporisateurs, régularisèrent cette situation le 12 avril
1902 par la convention dite de Mandchourie.

Cette convention entre la Russie et la Chine a été généralement mal comprise et n'est pourtant que la suite exacte de la politique permanente du tsar à l'égard du Fils du Ciel; cette politique a consisté et consiste encore à faire croire aux Chinois que les Russes sont pour eux des amis fervents, sincères et surtout désintéressés, contrairement aux autres peuples occidentaux.

Ils ont pacifié la Mandchourie; ils y ont rétabli l'ordre en y ramenant le commerce, ils la rendent maintenant à leurs amis, satisfaits d'avoir pu les obliger; mais l'influence russe due à l'occupation persiste après le départ des troupes. La Russie est moralement présente dans ce pays qu'elle abandonne; elle n'a pas besoin de la force pour arriver à ses fins; elle n'a qu'à laisser le temps et les Cosaques faire leur œuvre, ces Cosaques répandus sur l'Asie entière, vers le Sud et vers l'Est, amenés par le Transsibérien et entourant déjà de leurs campements les frontières de la Mongolie et de la Mandchourie; ils ont suivi maintenant la ligne de l'Est chinois, puis celle de Kharbin à Port-Arthur.

D'après le traité de Mandchourie du 12 avril dernier, la Russie doit évacuer la partie Sud-Ouest de la province de Moukden dans les six mois qui suivront la signature du traité ; dans le courant des six mois suivants, les troupes russes quitteront également le reste de la province de Moukden et la province de Kirin; dans les six autres mois suivants, la Russie retirera le reste de ses troupes qui occupent la province de Tsitsikar; mais il faut encore qu'il ne survienne aucune complication dans ce laps de temps et que la façon d'agir des autres puissances n'empêche pas la Russie de remplir cet engagement.

D'un bout à l'autre, ce traité renferme des contradictions qui, en somme, laissent la Russie à même d'agir à son gré, selon les circonstances et pour le mieux de ses intérêts.

D'ailleurs, le texte même du traité maintient les troupes sur le territoire mandchourien aussi longtemps que leur concours sera nécessaire pour les opérations de police contre les « Kounkouses » et la répression des brigandages; or, à tout instant, les troupes russes ont à agir, et, le 8 novembre 1902, le *Rousski Invalid* nous apprend que 700 brigands chinois ont attaqué au commencement d'octobre la ville de Bodune, au S.-O. de Kharbin, s'en sont emparés, ont fait prisonnier le gouverneur chinois et ont mis le feu dans plusieurs quartiers ; le commandant du 2ᵉ corps d'armée de Sibérie orientale a dû envoyer des troupes avec deux canons qui sont arrivées le 24 octobre à Bodune, où elles ont livré combat aux Kounkouses, leur tuant leur chef et leur reprenant la ville. Une garnison a été laissée à Bodune et y restera tant qu'il y aura quelque chose à craindre des brigands.

Partout se produisent de semblables faits justifiant le séjour des Russes dans le pays, sans oublier que la convention Cassini leur donne le droit de faire garder par les troupes du tsar toutes les lignes de chemin de fer de la Mandchourie.

Exécution de la 1ʳᵉ clause du traité de Mandchourie. Rétrocession de la ligne Shanhaï-Kouan—Nioutchouang. — La Russie n'a donc rétrocédé à la Chine la partie Sud-Ouest de la province de Moukden située sur la rive droite du Liaou que parce qu'elle a bien voulu juger que la présence de ses troupes n'était plus nécessaire pour la police de cette région ; elle a remis en même temps au gouvernement chinois l'administration et l'exploitation de la ligne Shanhaï-Kouan à Nioutchouang, selon la teneur de la convention du 12 avril, mais après avoir protesté et obtenu satisfaction contre l'arrangement anglo-chinois du 29 avril relatif aux chemins de fer du Tchili.

On put croire un moment que cet arrangement anglo-chinois empêcherait l'exécution du traité de Mandchourie, car les Anglais, en promettant de restituer le chemin de fer de Pékin à Shanhaï-Kouan, avaient stipulé certaines conditions qui soulevèrent de vives protestations de la part de la Russie, de la Belgique et de la France. Ils avaient exigé que tous les chemins de fer futurs du Tchili seraient construits par la Chine elle-même avec l'aide des capitaux d'un syndicat financier anglais, la « British and Chinese Corporation », qui aurait hypothèque sur toutes ces futures lignes, et dans un rayon de 80 milles tout le long de la ligne déjà existante. Comme il est impossible de construire dans le Tchili une voie ferrée ayant quelque utilité dont aucun point ne serait à 80 milles de la ligne actuelle, c'était réserver aux Anglais le monopole des chemins de fer dans le Petchili ; la Russie protesta la première, car elle ne pouvait tolérer de lignes anglaises partant de Pékin et se dirigeant vers la Mandchourie et la Mongolie; puis la Belgique et la France se trouvaient lésées dans le syndicat franco-belge de la ligne Pékin—Hankéou qui avait reçu de Li-Hung-Chang la promesse de la concession d'une ligne de Tientsin à Pao-Ting-Fou.

Le ministre de Russie à Pékin, M. de Lessar, protesta si violemment au nom de son gouvernement et menaça tellement bien de ne pas évacuer la Mandchourie qu'il obtint de l'Angleterre des modifications à l'arrangement du 29 avril, qui cessa de s'étendre aux lignes de Pékin à la Grande Muraille.

La Russie reçut ainsi demi-satisfaction et se prépara à tenir ses engagements d'évacuation dont elle a exécuté la 1re clause le 8 octobre, après le paiement par la Chine de 3 millions de roubles pour les travaux effectués le long de la voie et les dépenses nécessaires à sa protection pendant la période d'occupation.

L'occupation russe à la fin de 1902. — Mais il faut bien s'entendre sur la façon dont la Russie effectue cette évacuation; elle s'en tient strictement aux termes de la convention Cassini, qui lui donne le droit de faire garder par ses troupes le chemin de fer transmandchourien, et elle compte en user largement. Pour évacuer le pays à l'ouest du Liaou, il a suffi aux troupes de faire une journée de chemin de fer et de s'installer dans la concession russe de Moukden, où on vient de construire des casernements pour 6.000 hommes ; pour évacuer Nioutchouang, il n'a pas été nécessaire de faire plus de six kilomètres en amont de cette ville pour gagner la concession russe sur laquelle se trouvent la station et les ateliers de Ynko (rive gauche); pour évacuer Moukden, les Russes feraient une heure de marche et arriveraient dans la concession de vingt-cinq kilomètres carrés qu'ils viennent d'obtenir à l'ouest de la ville; pour Kirin, l'opération comprendra trois jours de marche pour atteindre la station de Kouang-Tcheng-Tze; cette marche se réduira d'ailleurs bientôt à quelques kilomètres, puisque les Russes entendent commencer très prochainement la construction d'un embranchement de 128 kilomètres de Kouang-Tcheng-Tze à Kirin. Kharbin n'a pas besoin d'être évacué, puisque c'est une ville russe.

Comme le tracé du Transmandchourien a été choisi de telle sorte qu'il domine toutes les routes importantes du pays, il s'ensuit que l'évacuation des troupes russes consiste simplement à les fixer dans des endroits d'où elles pourront, sans qu'on puisse leur opposer la moindre résistance, tomber sur les grands centres. La garde spéciale du chemin de fer est assurée depuis cette année par 40.000 hommes de « gardes-frontières », auxquels il

faut ajouter plus de cent milles hommes de troupes sibé-
riennes, dont le nombre, du reste, est augmenté de jour
en jour. Le vingtième jour après une déclaration de
guerre, la Russie aurait plus de 100.000 hommes en
ligne au sud de Kharbin; quarante jours après, un premier renfort de 60.000 hommes serait rendu sur le terrain des opérations et les places de Vladivostock et de
Port-Arthur sont en état de soutenir un siège de longue
durée; la flotte russe d'Extrême-Orient comptait, en
octobre 1902 : 8 cuirassés, 8 croiseurs cuirassés, 2 croiseurs protégés de 1re classe, 2 croiseurs protégés de
2e classe, 2 croiseurs-torpilleurs, 8 canonnières, 10 torpilleurs de haute-mer, 10 torpilleurs de côte, soit 50 bâ-
timents de guerre; en outre, on annonce le départ pro-
chain de la Baltique pour les mers d'Orient d'une grosse
escadre composée des meilleures unités de la flotte. La
Russie veut contrebalancer les progrès de la marine
japonaise; elle a temporisé jusqu'ici, elle a gagné le
temps qui lui était nécessaire pour engager la lutte au
besoin avec l'armée et la flotte du mikado ; plus que
jamais, l'empire des tsars paraît occupé et absorbé par
l'Extrême-Orient et semble devenu presque insensible
aux affaires européennes.

Voyage de M. de Witte en Mandchourie. — Le voyage
d'inspection que vient de faire M. de Witte en Sibérie
et en Mandchourie va fixer la direction militante de la
politique moscovite en Extrême-Asie. Le ministre des
finances va pouvoir admirer l'œuvre grandiose accomplie depuis cinq ans seulement avec tant d'efforts et de
persévérance; il ne lui semblera pas voyager en pays
chinois sur cette ligne transmandchourienne ouverte
entièrement à la circulation depuis six mois déjà. Les
transformations opérées au cours de ces cinq années
tiennent du prodige et peuvent soutenir la comparaison
avec les cités américaines sorties du sol comme par en-

chantement : Kaïlar était un campement de Mongols; c'est aujourd'hui une belle ville russe pourvue de magasins, d'hôtels, d'une usine très vaste pour la fabrication ou la réparation du matériel roulant ; Kharbin compte plus de 10.000 habitants répartis dans de belles constructions en briques et en bois de sapin sur la rive droite du Soungari; Hautabotzu, Pogranitchnaïa sont les plus belles de toutes les colonies russes qui sont venues se fonder le long de la ligne, qui passe maintenant à cinq kilomètres de Moukden, au lieu d'en être éloignée de 24; Tachitchiao, Liao-Yang sont devenus des centres de colonisation très actifs dans cette fertile région.

Le tunnel des Khin-Ghan sera bientôt terminé, mettant Kharbin à moins de 60 heures de la Transbaïkalie; tous les 25 kilomètres environ est une gare reliée à la voisine par quatre ou cinq postes de « gardes-frontières »; tous les 125 kilomètres est une gare plus importante avec des ateliers. Tout le long de la ligne règne l'abondance ; d'immenses caravansérails chinois sont susceptibles de faire face sans difficultés au commerce hivernal.

A l'extrémité méridionale de la ligne sont Port-Arthur et Dalny qui deviennent pour ainsi dire la raison d'être de cette œuvre gigantesque qu'est le Transsibérien.

Ce port de Dalny, dont nous avons déjà parlé largement au cours de cette étude, n'est pas encore bien connu du public, mais ne tardera pas à obtenir une notoriété égale à son importance ; des navires calant 8 mètres peuvent y avoir accès à marée basse et venir le long de ses quais et de ses docks décharger directement leur cargaison sur les wagons qui la transporteront au cœur de la Russie; Dalny compte déjà 50.000 habitants, dont la majorité est chinoise; les autres sont

Japonais, Russes ou Coréens; la réalisation complète de la ville et du port coûtera environ 90 millions.

M. de Witte, en allant visiter ces travaux énormes, vient d'affirmer dans ses discours l'inaltérable amitié russo-chinoise, et interdit de croire que le gouvernement du tsar fera un seul pas en arrière; il pourra se convaincre d'ailleurs que les populations ne voient pas partir sans une certaine inquiétude les troupes qui les protégeaient contre les « Kounkouses », les rassuraient pour leurs récoltes et qui vont être remplacées par des milices chinoises.

Les Russes ont su s'attirer la bienveillance des Chinois de Mandchourie en adoptant vis-à-vis d'eux une attitude plus amicale, plus familière, en versant des millions de roubles dans ce pays et en donnant ainsi aux Chinois une prospérité matérielle qu'ils n'avaient pas connue auparavant.

Leur œuvre est assez avancée en Mandchourie pour qu'ils la laissent mûrir toute seule; une armée japonaise ne saurait s'avancer dans l'intérieur du pays sans être vouée à un désastre complet; à quelque distance que ce soit de la côte, les Russes sont inexpugnables, et, s'ils évacuent une Mandchourie à moitié russifiée déjà, c'est avec cette pensée toujours présente à l'esprit du mot de Nicolas Ier : « Là où le drapeau russe a été une fois hissé, il ne peut plus être descendu. »

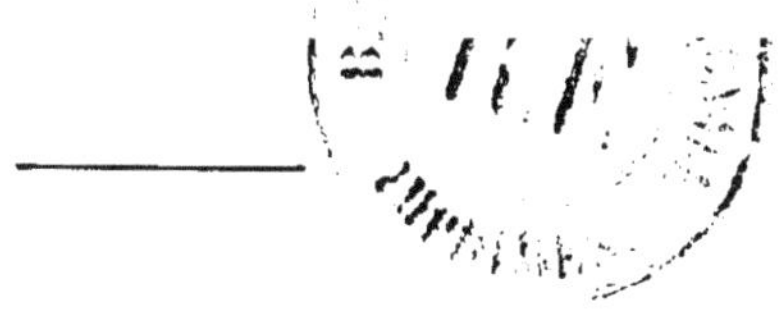

TABLE DES MATIÈRES

Paris et Limoges. — Impr. milit. H. CHARLES-LAVAUZELLE.

www.ingramcontent.com/pod-product-compliance
Ingram Content Group UK Ltd.
Pitfield, Milton Keynes, MK11 3LW, UK
UKHW020929120726
13693UKWH00003B/1220